Magdalen Nabb

Finchen auf dem Markt

Deutsch von Ulli und Herbert Günther
Zeichnungen von Petra Probst

Cecilie Dressler Verlag · Hamburg

Weitere Finchen-Geschichten
erzählt Magdalen Nabb in den Büchern
Finchen will was Schönes schenken
Finchen fährt ans Meer
Finchen in der Schule
Finchen freut sich auf Weihnachten
Finchen und Lena
Finchen im Krankenhaus

© Cecilie Dressler Verlag, Hamburg 1996
Alle Rechte für die deutschsprachige Ausgabe vorbehalten
© Magdalen Nabb 1995
Die Autorin besteht auf ihrem Recht, als Urheberin
dieses Werkes anerkannt zu werden.
Die englische Originalausgabe erschien bei Harper Collins,
London, unter dem Titel *Josie Smith at the Market*
Deutsch von Ulli und Herbert Günther
Einband und Zeichnungen: Petra Probst
Gesamtherstellung: Clausen & Bosse, Leck
Printed in Germany 1996
ISBN 3-7915-1424-5

Inhalt

Finchen und Lenas Baby

7

Finchen und der rothaarige Junge

57

Finchen auf dem Markt

101

Finchen
und Lenas Baby

Finchen stand auf Socken da und sah zu, wie sich ihre Mutter fertigmachte.

»Darf ich auch mit zum Markt?« sagte sie.

»Nein«, sagte Finchens Mutter und überprüfte ihre Frisur im Spiegel.

»Warum darf ich nicht?« fragte Finchen.

»Dir wird immer schlecht im Bus.«

»Mir wird nicht schlecht«, sagte Finchen. »Ich verspreche es. Darf ich?«

»Nein«, sagte Finchens Mutter und strich sich über ihre Augenbrauen.

»Ooooch!« machte Finchen. »Laß mich mit!«

»Nein«, sagte Finchens Mutter. »Dir wird schlecht im Bus, du langweilst dich beim Herumlaufen, und kaum bist du Karussell gefahren, willst du nach Hause.« Dann schminkte sie sich die Lippen.

»Kann ich dann ein bißchen Lippenstift haben?« fragte Finchen.

»Nein«, sagte Finchens Mutter.

Sie steckte den Lippenstift in die Handtasche zu ihrem

Portemonnaie und dem Schlüssel.
Dann zog sie ihren Mantel an.
»Komm«, sagte sie zu Finchen.
»Ich will nicht zu Lena«, sagte
Finchen. »Warum darf ich nicht zu
meiner Oma?«
»Weil Lena dann auch hinkommt«,
sagte Finchens Mutter. »Deine Oma
kann nicht auf zwei von deiner Sorte
aufpassen. Sie wird schnell müde.
Wenn du unbedingt die
Gummistiefel anziehen willst, dann
nimm deine Hausschuhe mit. Und
zieh die Strümpfe hoch. Und knöpf
die Jacke richtig zu. Und bürste deine
Haare.«
Finchen bürstete ihre Haare, zog
die Strümpfe hoch, stieg in ihre
Stiefel und vergaß, die Jacke
zuzuknöpfen.

Sie nahm ihre Puppe und
ging mit ihrer Mutter nach
nebenan.
»Ich bin gleich soweit«, sagte
Lenas Mutter. »Geht ins
Wohnzimmer.«
Im Wohnzimmer brannte das
künstliche Feuer im Kamin,
und davor war Lenas Vater
mit der Zeitung über dem
Gesicht eingeschlafen. Lenas

Vater arbeitete manchmal nachts, dann ging er morgens
zu Bett und stand erst mittags auf. Nach dem Essen schlief
er dann immer mit der Zeitung über dem Gesicht weiter.
»Zieh deine Hausschuhe an«, sagte Finchens Mutter. Sie
sagte es flüsternd, damit sie Lenas Vater nicht weckte.
Aber Lenas Vater brummte: »Häh?« und machte einen
kleinen Hopser in seinem Sessel. Aber dann: »Chrrk –
chrrk – chrrk – ptühh« schlief er weiter.
Finchen zog ihre Gummistiefel aus.

»Wunderbar, dieses Feuer«, sagte Finchens Mutter. »Das Holz und die Flammen sehen so echt aus.«
»Sind sie aber nicht«, sagte Finchen, »man darf nämlich kein Bonbonpapier reinwerfen, hat Lenas Mutter gesagt.«

Sie stellte ihre Gummistiefel auf die Matte neben der
Hintertür.

In der Küche roch es nach Essen und Abwasch. Lena
kam die Treppe herunter. Sie hatte ihre Brautpuppe im
Arm.

»Meine Mama bringt mir ganz viele Geschenke mit«,
verkündete sie. »Neue weiße Söckchen mit rosa Rand
und ein Armband und noch andere Sachen. Was bringt
dir deine Mama mit?«

»Weiß ich noch nicht«, sagte Finchen. »Es wird eine
Überraschung.« Aber sie sagte es mit geschlossenen
Augen und hielt ihre Puppe fest an sich gedrückt, weil sie
in Wirklichkeit gar kein Geschenk bekommen würde.
Ihre Mutter hatte nicht so viel Geld für Geschenke wie
Lenas Mutter.

»Wir müssen oben spielen«, sagte Lena, »weil mein Vater
Nachtschicht hat und weil er Ruhe braucht und weil das
Baby im Kinderwagen schläft.«

Lenas Baby war dick und weiß und roch nach Käse und
Waschpulver. Sein Kinderwagen stand neben der

13

Küchentür, und Finchen linste hinein. Lenas Baby nuckelte an seinem Schnuller, nmmm, nmmm, nmmm, aber seine Augen waren fest geschlossen, und es schlief. »Kommst du?« sagte Lena. Sie gingen mit ihren Puppen hinauf.

Auf dem Boden in Lenas Zimmer lag ein kratziger rosa
Teppich und auf dem Bett eine rosa Rüschendecke.
»Wir spielen Kaufmann, ja?« schlug Finchen vor.
»Nein«, sagte Lena, »ich hab nämlich alles in meinem
Kaufladen schön aufgeräumt, und das bringen wir jetzt
nicht durcheinander.«
»Dann spielen wir Post, ja?« sagte Finchen.
»Nein«, sagte Lena, »meine Kinderpost hab ich nämlich
auch ganz ordentlich aufgeräumt, und die bringen wir
auch nicht durcheinander.«
Finchen ärgerte sich. Sie spielte gern mit Lenas
Kinderpost. Da waren richtige Gummistempel dabei und
Büroklammern und Gummibänder und Papier und
Umschläge, und es gab ein kleines Fenster zum
Durchgucken, und auf den Deckel war ein Briefträger
gemalt, der freundlich winkte. Lena spielte nie richtig
damit. Sie kritzelte nur auf der Schachtel herum, machte
große Unordnung und räumte dann stundenlang wieder
auf.
Ein paar Spielsachen hatte Lena, mit denen sie

15

überhaupt nie spielte. Nicht einmal anfassen durfte sie
die, hatte ihre Mutter gesagt: eine spanische Puppe mit
schwarzrotem Spitzenrock, eine chinesische Marionette
mit weißem Satinanzug und ein Plüschhund, der mit dem
Kopf nicken konnte. Sie saßen alle in einer Reihe auf
dem Regal, und anfassen war verboten.

»Lena!« rief Lenas Mutter die Treppe herauf. »Wir gehen
jetzt! Seid schön brav, hörst du?«

»Wir sind brav!« rief Lena und streckte die Zunge raus.

»Aber auch wirklich! Und macht nichts – *gar nichts*,
ohne vorher Papa zu fragen! Lena? Hörst du, was ich
sage?«

»Ich hör dich!« rief Lena.

»Also, dann denk dran!« rief Lenas Mutter. Die Haustür
machte peng!

Finchen und Lena lauschten einen Augenblick, dann
fingen sie zu kichern an.

»Wir könnten auf dem Bett rumspringen«, sagte Lena.

»Ich wette, Papa ist eingeschlafen.« Sie lief zur Treppe
und sagte: »Papa? Dürfen wir auf dem Bett springen?«

16

Unten brummte Lenas Vater: »Häh?« und machte einen kleinen Hopser in seinem Sessel. »Ich schlafe nicht«, murmelte er. Aber dann: »Chrrk – chrrk – chrrk – ptühh.« Schon war er wieder eingeschlafen.

Finchen und Lena stiegen auf das Bett und hüpften und hopsten und hopsten und hüpften, stießen sich an und ließen sich fallen, kicherten und kreischten – bis sie beide heiß und rot im Gesicht waren und das Bett vollkommen zerwühlt hatten. Dann hörten sie auf.

»Ich weiß was!« sagte Lena. »Wir verkleiden uns als feine Damen und schminken uns mit Lippenstift und Puder.« Sie rannten zur Treppe, und Lena rief: »Papa? Dürfen wir uns als Damen verkleiden und uns mit Lippenstift und Puder schminken?«

Unten brummte Lenas Vater: »Häh?« und machte einen kleinen Hopser in seinem Sessel. »Ich schlafe nicht«, murmelte er. Aber dann: »Chrrk – chrrk – chrrk – ptühh.« Schon war er wieder eingeschlafen.

Kichernd liefen Finchen und Lena ins Elternschlafzimmer.

Finchen war noch nie bei Lena im Elternschlafzimmer
gewesen. Da gab es einen gelben Teppich mit zottigen
Fäden, eine gelbe Bettdecke und gelbe Lampenschirme
mit Falten – wie Röcke. Die Gardinen waren auch gelb,
und darunter hingen noch mal weiße Vorhänge mit
Rüschen – wie feine Unterröcke. Die Möbel waren nicht
braun, sondern sie hatten eine helle, gelbliche Farbe.
Lena machte den Kleiderschrank auf.
»Oohh!« hauchte Finchen. »Das sind aber keine Sachen
zum Verkleiden. Da wirst du ausgeschimpft.«
»Ich werde nie ausgeschimpft«, sagte Lena, »und ich darf
zum Verkleiden nehmen, was ich will.«
So richtig glaubte Finchen das nicht, aber Lenas Mutter
hatte hundert Kleider – vielleicht stimmte es ja doch.
»Sieh mal, das hier!« sagte Lena und zupfte am Rock
eines langen Kleides. Es war ein steifes, durchsichtiges
Baumwollkleid, tiefblau mit goldenem Glitzerzeug
rundum und einer Stoffblume an der Taille.
»Das ist doch ein Ausgehkleid!« sagte Finchen. »Das
darfst du nicht!«

18

»Wenn ich will, darf ich«, sagte Lena. »Meiner Mama
liegt sowieso nicht viel daran, sie hat es nämlich nur
einmal zum Betriebsfest angehabt.«
»Was ist ein Betriebsfest?« fragte Finchen.
»Der Betrieb ist die Fabrik von meinem Papa«, sagte
Lena, »und sie machen jedes Jahr ein Fest.«
Finchen hatte den Betrieb von Lenas Vater schon einmal
gesehen. Sie versuchte sich vorzustellen, wie die Leute in
ihren Festkleidern rund um die großen, dröhnenden
Maschinen tanzten, die nach Öl stanken und vor denen
man Angst haben konnte – aber es gelang ihr nicht.
Lena zerrte an dem Kleid, bis es vom Kleiderbügel
rutschte und verschiedene andere Sachen mit sich riß.
»Du kannst das hier anziehen«, sagte sie und gab Finchen
einen langen Seidenrock mit Pailletten um den Saum.
»Den hat meine Mama genäht«, sagte Finchen. Finchens
Mutter nähte Kleider für andere Leute, auch
Brautkleider, und Finchen durfte sie nie anfassen, nicht
mal mit einem einzigen sauberen Finger. Jetzt lag der
grüne Rock auf dem Boden.

19

»Zu dem Rock gehören grüne Seidenschuhe«, sagte Lena, stieg in den großen Schrank und fing an, Schuhe herauszuwerfen. Finchen gab sie die grünen

Seidenschuhe mit den hohen Absätzen, und für sich
selbst suchte sie goldene Sandaletten aus.
Sie zogen sich an und betrachteten sich im Spiegel der
Frisierkommode. Die Röcke waren zu lang, laufen
konnten sie damit nicht. Deshalb rafften sie sie unter den
Armen zusammen. In der Kommodenschublade fand
Lena einen goldenen und einen silbernen Gürtel. Dann
sagte sie: »Und jetzt nehmen wir uns Lippenstift und
Parfüm!«
»Und Nagellack!« sagte Finchen. »Die Fingernägel
lackieren wir uns auch!« Für Nagellack hatte Finchen
besonders viel übrig, aber ihre Mutter besaß keinen.
Lenas Mutter hatte Mengen davon, lauter verschiedene
Farben in kleinen Fläschchen mit langen weißglitzernden
Schraubverschlüssen.
»Ich nehme Rosa«, sagte Lena.
»Ich nehme Rot«, sagte Finchen. Und sie fingen an, ihre
Fingernägel zu lackieren.
Es war gar nicht so einfach. Lena kaute ihre Nägel immer
ab, deshalb lackierte sie nun hauptsächlich ihre

21

Fingerkuppen. Bei Finchen klappte es mit der linken
Hand ganz gut, aber dann kam sie in Schwierigkeiten.
Während sie die rechte Hand bearbeitete, ging an der
linken der Nagellack wieder ab, und so mußte sie noch
mal von vorn anfangen. Beide Hände wurden ein
bißchen klebrig. Ein wenig Nagellack tropfte auf den
grünen Rock, aber nicht viel. Da stieß Lena sie an –
das Fläschchen mit dem roten Nagellack kippte gegen
den rosa Nagellack, der kippte auch um, und auf der
Frisierkommode bildete sich eine Pfütze aus Rosa
und Rot.

»Das machen wir später sauber«, entschied Lena.
Finchen dachte, es würde vielleicht hart werden, aber
Lena sagte, ihre Mutter hätte ein extra Fläschchen mit
stinkender Flüssigkeit, mit der man Nagellack
wegmachen konnte, und sie würden nachher ein wenig
davon auf den Fleck schütten. Also lackierten sie erst mal
ihre Fingernägel fertig und wedelten dann mit den
Händen, damit der Lack trocknete. Danach goß Lena das
stinkende Zeug auf die rosarote Pfütze. Die war schon ein

22

bißchen eingetrocknet, wurde aber von dem Zeug wieder matschig. Mit Watte und einem Handtuch rieben Finchen und Lena fest darüber. Das meiste ging ab, und die saubere Stelle sah jetzt viel sauberer aus als der Rest der Kommode. Viel heller.

Als nächstes malten sie ihre Lippen mit Lippenstift an und tupften sich Parfüm hinter die Ohren. Dann zog Lena eine Schublade auf, in der Ketten und Fingerringe lagen, und sagte: »Komm, wir suchen uns Schmuck dazu.«

Finchen legte sich – passend zu ihrem Nagellack – eine Kette aus großen roten Glaskugeln um – und Lena nahm sich eine Perlenkette und ein Armband.

»So«, sagte Lena. »Jetzt gehen wir runter und machen ein Kaffeekränzchen.«

Es dauerte lange, bis sie unten waren. Sie mußten ihre Stöckelschuhe ausziehen und tragen und gleichzeitig ihre langen Röcke hochhalten. Als sie unten an der Treppe waren, lauschten sie zur Wohnzimmertür hin. Lenas Vater schnarchte.

»Papa«, flüsterte Lena, »dürfen wir ein Kaffeekränzchen machen?«

»Häh?« brummte Lenas Vater und machte einen kleinen Hopser in seinem Sessel. Aber dann: »Chrrk – chrrk – chrrk – ptühh«, schlief er weiter.

Kichernd stöckelten Finchen und Lena in die Küche.

»Ich weiß was!« rief Finchen. »Wir nehmen nicht das Puppengeschirr, wir machen ein echtes Kaffeekränzchen!«

»Pssst! Schrei nicht so!« sagte Lena. »Sonst weckst du das Baby auf, und dann ist alles vorbei!«

Und sie machten tatsächlich ein echtes Kaffeekränzchen. Echten Kaffee konnten sie nicht kochen, aber sie füllten Milch in die Kaffeekanne, gossen sie in richtige Kaffeetassen, gaben Zucker dazu und tranken. Sie schmierten sich Brote mit roter Marmelade, aber ohne Butter. Marmelade ließ sich nämlich besser schmieren als Butter, und sie konnten soviel Marmelade nehmen, wie sie wollten. Sie nahmen sehr viel. Die Brotrinden aßen sie nicht.

24

»Jetzt ist sie alle«, sagte Lena und wischte das Marmeladenglas mit dem Finger aus. Ziemlich viel Marmelade hatte sich mit dem Lippenstift verschmiert, und ein bißchen war auch auf die Perlen und vorne ans Kleid gekommen. »Rote Marmelade ist nicht mehr da, nur noch Orangenmarmelade.«
»Orangenmarmelade mag ich nicht«, sagte Finchen. »Ich weiß was, wir unterhalten uns jetzt so wie unsere Mütter.« Sie nippten also an ihren Kaffeetassen, und Finchen sagte mit Erwachsenenstimme: »Wie geht's Ihnen denn so?«
»Ach, eigentlich ganz gut«, sagte Lena, »nur, ich bin den ganzen Tag auf den Beinen, und ich habe schreckliche Kopfschmerzen.«

»Meinem Mann geht's genauso«, sagte Finchen. »Ich hör schon gar nicht mehr hin. Noch ein wenig Kaffee?«

»Einen Tropfen nur«, sagte Lena.

»Haben Sie von Gerrits Tante Johanna gehört?« fragte Finchen. »Sie mußten sie weggeben.«

»Gerrit hat gar keine Tante Johanna!« sagte Lena.

»Doch nur im Spiel!« sagte Finchen. Lena war nicht gut im Geschichtenerfinden, und man mußte ihr immer vorsagen, wie es weiterging. »Du mußt fragen: ›Mit wem ist sie noch mal verwandt?‹ Und dann erzähl ich es dir.«

»Mit wem ist sie verwandt?« fragte Lena.

»Sie ist mit Gerrits Mutter verwandt«, sagte Finchen, »und die ist mütterlicherseits mit Gerrit verwandt. Es geht ihr schon eine ganze Weile nicht gut.«

»Meine Mama hat einen eingewachsenen Zehennagel«, sagte Lena, »und sie muß vielleicht ins Krankenhaus.«

»Das ist doch in Wirklichkeit!« sagte Finchen. Dann hatte sie keine Lust mehr. »Ich weiß, wir backen einen Kuchen!« rief sie.

»Geht nicht.« sagte Lena. »Ich darf nicht an den Herd .«

»Nur im Spiel«, sagte Finchen. »Nicht mit echten
Zutaten. Dann wird auch keiner böse, weil wir Zucker
verschwendet haben.«
Sie liefen zur Wohnzimmertür, und Lena sagte: »Papa?
Dürfen wir Kuchenbacken spielen?«
»Häh?« brummte Lenas Vater und machte einen kleinen
Hopser in seinem Sessel. »Ich schlafe nicht«, murmelte
er. Aber dann: »Chrrk – chrrk – chrrk – ptühh.« Und
schon schlief er weiter.
Kichernd liefen Finchen und Lena wieder in die Küche.
Sie kramten die große Rührschüssel heraus und mischten
einen wunderbaren Teig zusammen: Seifenpulver als
Mehl, eine Prise Scheuerpulver als Puderzucker und
dickes gelbes Spülmittel statt Eier. Dann holte Lena
einen Schneebesen. Sie streifte ihre hochhackigen
Schuhe ab und stieg auf einen Stuhl, damit sie besser an
die Schüssel kam. Der Schneebesen hatte eine Kurbel
zum Drehen. So etwas hatte Finchens Mutter nicht. Sie
schlug die Eier mit einer Gabel schaumig.
»Darf ich auch mal?« fragte Finchen.

27

»Nachher«, sagte Lena, tauchte den Schneebesen in die Mischung und drehte, so schnell sie konnte, an der Kurbel.
Schlupp-schlupp-schlupp machte der Schneebesen, und ein dicker Batzen Kuchenmischung klatschte Finchen an den Rock. »Jetzt guck dir das an!« sagte Finchen. »Ich bin ganz vollgekleckert!«

»Macht nichts«, sagte Lena, »es ist ja Seife. Davon wird dein Rock nicht dreckig, davon wird er eher sauber.«

An der Spüle wusch sich Finchen den Fleck ab, aber sie konnte nicht sagen, ob der Rock jetzt sauberer war oder nicht, denn er war naß.

»Wir hätten uns Schürzen umbinden sollen«, sagte sie.

Also suchten sie sich Schürzen, banden sie um, und dann war Finchen an der Reihe, den Schneebesen anzukurbeln. Schlupp-schlupp-schlupp machte der Schneebesen, und jetzt klatschte ein dicker Batzen aus der Schüssel Lena vorne drauf. Aber Lena hatte ihre Schürze um, deshalb war es nicht schlimm. Eine Weile kurbelte Finchen noch weiter, aber plötzlich hörte der Schneebesen mit seinem schlupp-schlupp-schlupp auf.

»Es ist nichts mehr da!« sagte Finchen und sah in die Schüssel.

»Natürlich ist noch was da«, sagte Lena. »Muß doch. Es war ja so viel.«

»Jetzt nicht mehr«, sagte Finchen. »Es ist weg.«

»Kann nicht sein«, sagte Lena. »Alles wird mehr, was

man mit dem Schneebesen schlägt. Hat meine Mama
gesagt.« Und sie sah in die Schüssel.

Die Mischung war verschwunden.

»Eine ganze Menge ist auf uns gespritzt«, sagte Finchen.

»Vielleicht sind ja auch noch anderswo Spritzer.« Sie
stieg vom Stuhl und sah sich um.

Tatsächlich, es waren auch anderswo noch Spritzer. Das
Zeug war an die Vorhänge gespritzt, an das Küchenfenster
und an die Tapete. Es war auf das dunkelrote Dach des
Kinderwagens gespritzt, an die Hintertür, wieder an ein
Stück Tapete und auf den Herd. Dann war es auf Lena
gespritzt, auf die Spüle, an die Tapete daneben, an das
Fenster – immer im Kreis.

»Alles ringsum ist vollgespritzt«, stellte Finchen fest.

»Wir kriegen eine Abreibung.«

»Nein«, sagte Lena. »Es ist ja nur Seife. Das ist sauber.
Nur die große Schüssel wollen wir lieber wegräumen, es
ist nämlich die beste Schüssel von meiner Mama. Und
abwaschen müssen wir sie auch.«

Sie schleppten die große Schüssel zur Spüle und stellten

sie in die Spülschüssel aus Kunststoff. Sie paßte kaum hinein.

»Ein bißchen Spülmittel ist noch drin«, sagte Lena.

»Aber wir schütten noch was dazu, kann sein, es reicht nicht.«

Lena ließ einen Strahl des gelben Spülmittels in die große Schüssel zischen, und Finchen drehte den Wasserhahn auf.

»Sieh mal!« rief Lena. »Sieh mal die vielen Blasen!«

Ein großer Berg Seifenblasen stieg schäumend aus der großen Schüssel, quoll über die ganze Spüle, die größten Blasen schwebten durch die Küche.

»Wir können damit spielen!« sagte Finchen. »Komm, wir stellen die Schüssel wieder auf den Tisch.«

Aber voll Wasser war die große Schüssel zu schwer. Sie kippten einen Teil davon aus und hievten sie dann wieder auf den Tisch. Dicht an die Kante, so daß sie drankamen, ohne auf Stühle zu steigen.

»Schau nur!« sagte Lena. »Sie sind überall.«

Die Blasen schwebten im Raum herum und zur Decke

hinauf. Große Blasen stießen gegen kleinere und verschluckten sie. Kleinere Blasen schwankten gegen die Vorhänge, blieben hängen und zerplatzten. Eine schimmernde Blase glitt Finchen vor die Nase, und sie pustete dagegen. Da fingen Finchen und Lena an, in die Schüssel zu blasen, um immer mehr Seifenblasen durch die Küche fliegen zu lassen, und dann jagten sie hinterher.

»Ich hol einen Strohhalm!« rief Lena. »Dann können wir noch bessere Blasen machen«

Sie angelte ein Päckchen Strohhalme aus einem Schubkasten. Dann bliesen sie in die Schüssel, so fest sie konnten, und da stiegen die größten Blasen auf, die sie je gesehen hatten, und schwebten davon.

»Das ist meine!« sagte Lena. »Die laß ich jetzt platzen.«

»Es ist meine!« sagte Finchen. »Mach sie nicht kaputt!«

»Die Strohhalme gehören mir«, sagte Lena, »die Schüssel gehört mir, die Seife gehört mir – also gehört auch die Seifenblase mir, und ich lasse sie platzen.«

»Nein, nicht!« rief Finchen. »Mach sie nicht kaputt!«

32

Aber Lena streckte die Hand nach der Seifenblase aus, drängelte Finchen mit der Schulter zur Seite und warf sie fast um. Finchen griff nach der Schüssel, um sich festzuhalten – Lena schubste, brachte die große Seifenblase zum Platzen – Finchen kam ins Schwanken –

und die große Schüssel fiel krachend und platschend auf den Küchenboden.

Da wachte das Baby auf. Es fing nicht zu schreien an, nicht sofort. Nur ein kleines Meckern kam aus seiner Kehle. »Äk-Käk-Käk-Käk.«

Lena stürzte zum Kinderwagen, Finchen hinterher. Sie sahen zu dem Baby hinein. Es hatte immer noch den Schnuller im Mund, aber es nuckelte nicht mehr. Sein Gesicht war rot und zerknittert.

»Gleich fängt er an zu schreien«, sagte Lena. »Dann können wir was erleben. Er weckt meinen Papa auf.«

»Äk-Käk-Käk-Käk«, machte das Baby.

»Steck ihm den Schnuller richtig rein«, sagte Finchen. »Dann ist er vielleicht wieder ruhig.«

Sie versuchten, dem Baby den Schnuller richtig in den Mund zu stecken, aber sein Mund war ganz verzogen und hart, und der Schnuller rutschte immer wieder heraus.

»Äk-Käk-Käk-Käk.«

»Jetzt fängt er an«, sagte Lena.

Und wirklich, er fing an.

»Äk-Käk-Kää-Kwäää-Kwääääääääääää!«

»Er schreit!« rief Lena.

»Gib ihm ein bißchen Orangenmarmelade«, riet
Finchen.

»Er ißt keine Orangenmarmelade«, sagte Lena.

»Dann gib ihm Kuchen«, sagte Finchen.

»Babys essen keinen Kuchen«, sagte Lena. »Und
überhaupt, wir haben gar keinen.«

»Was ißt er denn?« fragte Finchen.

»Er kaut Brotrinden«, sagte Lena.

»Dann gib ihm unsere.«

Sie gaben dem Baby alle Brotrinden, die von ihrem
Kaffeekränzchen noch übrig waren. Das Baby hörte auf zu
schreien und kaute.

»Die mag er gern«, sagte Finchen.

»Das ist gut für Babys, wenn sie Zähne kriegen«, erklärte
Lena. »Aber wenn er fertig ist, fängt er wieder zu schreien
an.«

Sie gaben ihm nacheinander alle Brotrinden, und als er
fertig war, fing er wieder an zu schreien.

»Äk-Käk-Kwää-Kwäääääää!«
»Was ißt er sonst noch?« fragte Finchen.
»Babybrei aus Gläsern«, sagte Lena. »Mit dem Löffel.«
Lena holte ein Gläschen und einen Löffel, und Finchen setzte das Baby auf. Es sah zufrieden aus und patschte Finchen an die Nase.
»Er muß immer ein Lätzchen umgebunden kriegen«, sagte Lena, »damit er seine Jacke nicht vollschmiert.«

Sie banden dem Baby ein Mickymaus-Lätzchen um
den Hals.

»Ich füttere ihn nicht«, sagte Lena. »Er spuckt dann
immer.«

Finchen machte das kleine Glas auf und schnupperte.
Es roch nach nicht viel. Sie tauchte den Teelöffel in den
Brei und kostete.

»Kwäääääääääääää!« brüllte das Baby.

»Ist ja gut«, sagte Finchen. »Ich eß nicht alles auf. Da!«
Das Baby sperrte den vollgesabberten Mund auf, so weit
es nur ging, ließ sich den Löffel mit Brei hineinschieben
und schluckte, sperrte den Mund auf, schluckte und
sperrte wieder den Mund auf.

So schnell sie konnte, löffelte Finchen den Brei aus dem
Gläschen, aber es war schwer, mit dem Baby Schritt zu
halten. Dann, ganz plötzlich, hatte das Baby keine Lust
mehr. Finchen schaufelte den Brei in seinen großen
Mund, aber diesmal schluckte es ihn nicht hinunter. Es
machte nicht einmal den Mund zu, und der Brei quoll
wieder heraus.

37

»Mach den Mund zu«, sagte Finchen. »Mit offenem
Mund essen ist ungezogen.«
Aber das Baby machte den Mund nicht zu.
»Gleich spuckt er«, kündigte Lena an.
»Nicht spucken!« sagte Finchen. »Das ist ungezogen.«
Das Baby streckte die Zunge heraus, und der Brei lief ihm
über das Kinn hinunter.
»Und nicht die Zunge rausstrecken!« sagte Finchen.
»Gleich spuckt er«, sagte Lena wieder.
Und das Baby spuckte.
Das breiige Zeug verteilte sich über Finchens Gesicht und
Haare und spritzte auf die schöne Zierdecke auf dem
Kinderwagen. Das Baby grabschte nach dem Löffel und
schlug Finchen damit aufs Auge.
»Aua!« schrie Finchen.
»Gleich fängt er wieder an zu schreien«, sagte Lena.
»Nicht schreien!« sagte Finchen.
»Äh-Käk-Käk-Käk.«
»Was macht deine Mama«, fragte Finchen, »wenn sie ihn
wieder zum Schlafen bringen will?«

38

»Weiß nicht«, sagte Lena. »Aber manchmal singt sie,
glaube ich.«

»Was singt sie?« erkundigte sich Finchen.

»Fällt mir jetzt nicht ein«, sagte Lena, »aber sie läßt dabei
den Kinderwagen wippen.«

Also sang Finchen *Fuchs, du hast die Gans gestohlen*, und
Lena ließ den Kinderwagen wippen. Das Baby war
putzmunter. Es patschte und wedelte mit den Händchen
und krähte. Dann war Finchens Lied zu Ende.

»Äk-Käk-Käk-Käk.«

»Er fängt wieder an«, sagte Lena.

Finchen sang *Schlaf, Kindchen, schlaf*, Lena ließ den
Kinderwagen wippen, und das Baby war quietschvergnügt
– aber es schlief nicht ein.

Dann sang Finchen *Kommt ein Vogel geflogen*, und Lena
ließ den Kinderwagen wippen, aber das Baby schlief nicht
ein.

Dann sang Finchen *Hänschen klein* und *Bruder Jakob* und
Hänsel und Gretel, und Lena ließ den Kinderwagen
wippen, aber das Baby schlief nicht ein.

39

»Äk-Käk-Käk-Käk.«

»Mehr Lieder kenne ich nicht«, sagte Finchen. »Was macht deine Mama dann?«

»Sie fährt ihn draußen im Kinderwagen herum«, sagte Lena. »Wenn man ihn im Kinderwagen fährt, schläft er immer ein.«

»Dann müssen wir ihn rausbringen«, sagte Finchen.

»Das können wir nicht«, sagte Lena. »Wenn wir vorn rausgehen, sieht uns Papa, und hinten können wir nicht raus, weil der Kinderwagen zu breit für die Gartentür ist, und außerdem ist da auch eine hohe Stufe.«

»Äk-Kää-Kwäää-Kwäääääääää!«

»Dein Puppenwagen!« rief Finchen. »Da paßt das Baby rein, und der Puppenwagen paßt durch die Gartentür!«

Da holte Lena ihren tollen großen Puppenwagen, und vorsichtig setzten sie das Baby hinein. Es sah sehr zufrieden aus.

»Er muß eine Mütze aufsetzen, weil es ein bißchen windig ist«, sagte Finchen, der einfiel, daß ihre Mutter das immer sagte.

40

Sie setzten dem Baby eine Wollmütze mit Bommel auf und spannten vor das Dach des Puppenwagens eine Schnur mit Rasseln daran. Das Baby wedelte mit den Händchen, lachte und sabberte.

»Ich weiß«, sagte Finchen, »während wir ihn spazierenfahren, darf meine Puppe im echten Kinderwagen schlafen.«

»Und meine?« fragte Lena.

»Das ist doch eine Brautpuppe«, sagte Finchen. »Sie ist erwachsen. Nur Babypuppen schlafen im Kinderwagen.« Sie bettete ihre Babypuppe in den Kinderwagen und deckte sie sorgsam zu. Sie sah wie ein echtes Baby aus.

»Wir ziehen unsere Mäntel an«, sagte Finchen, »und nehmen Einkaufstaschen mit – wie richtige Mütter.« Über die langen Kleider und den Schmuck zogen sie ihre Mäntel, dann nahmen sie sich ein Netz und einen Korb. Aber sie mußten ihre eigenen Schuhe anziehen, weil sie mit den Stöckelschuhen nicht gleichzeitig laufen, Kinderwagen schieben und Einkaufstaschen tragen konnten.

Als sie soweit waren, schlich Lena auf Zehenspitzen zur
Wohnzimmertür und flüsterte: »Papa? Dürfen wir das
Baby in meinem Puppenwagen ausfahren?«
Lenas Vater brummte: »Häh?« und machte einen
kleinen Hopser in seinem Sessel. »Ich schlafe nicht«,
murmelte er. Aber dann: »Chrrk – chrrk – chrrk –
ptüüh.« Und schon war er eingeschlafen.
Auf Zehenspitzen entfernte sich Lena wieder von der
Tür.
Finchen und Lena machten sich mit dem Puppenwagen
auf den Weg. Das Baby lachte und klapperte mit seinen
Rasseln, und schließlich schlief es ein.
»Wir gehen zu Herrn Kühn«, sagte Finchen mit
Erwachsenenstimme. »Ich hab keine einzige Kartoffel
mehr im Haus!«
Sie gingen zu Herrn Kühns Gemüseladen am Ende der
Straße, stellten den Puppenwagen neben der Tür ab und
zogen die Bremse an. Das Baby war fest eingeschlafen.
Als sie in den Laden kamen, musterte Herr Kühn sie und
lachte.

»Wir sind nicht Finchen und Lena«, erklärte Finchen.
»Wir sind unsere Mütter.«
»Ich verstehe«, sagte Herr Kühn. »Was kann ich also für
euch zwei Damen heute tun?«
Finchen und Lena kicherten.
»Ich glaube«, sagte Finchen mit ihrer
Erwachsenenstimme, »ich werde heute Suppe kochen.«
Herr Kühn füllte das Netz und den Korb der beiden mit
Kohlblättern, Lauchabfällen und ein paar alten
Kartoffeln. Dann schenkte er jeder eine Pflaume.
»Auf Wiedersehen, Herr Kühn«, sagte Finchen.
»Auf Wiedersehen, die Damen«, sagte Herr Kühn und
lächelte.
Sie machten die Ladentür auf, blieben vor Herrn Kühns
Eingang stehen und aßen schlürfend und schmatzend
ihre Pflaumen.
Da ließ Lena plötzlich ihre Pflaume fallen und rief:
»Meine Mama!«
Und Finchen ließ ihre Pflaume fallen und rief: »Meine
Mama! Meine Mama kommt!«

43

»Lauf weg!« rief Lena, als ihre Mütter langsam von der Hauptstraße her näher kamen. »Laß dich bloß nicht sehen! Das ist ihr bester Rock, den du anhast!«

Sie stürmten um die Ecke von Herrn Kühns Laden und versteckten sich in einer Hofeinfahrt.

»Wenn meine Mama dich sieht, können wir was erleben!« sagte Lena.

»Du hast gesagt, ich kann das anziehen«, sagte Finchen. »Hast du gesagt!«

»Aber«, sagte Lena, »ich hab nicht ›Hand aufs Herz‹ dazu gesagt.«

Finchen sah an dem grünen Seidenrock herunter. Es war immer noch ein großer Fleck von der Seifenkuchenmischung darauf und ein paar Spritzer von dem roten Nagellack, und vom Schleifen auf dem Gehweg war er schmutzig geworden und zerrissen.

»Hast du gesagt! Du hast gesagt, ich kann ihn anziehen, und jetzt kriege ich Ärger!« In Finchens Brust machte es bum, bum, bum. Ihr war schlecht vor Angst, und sie haßte Lena.

»Meine Mama haut dich«, sagte Lena. »Und mein Papa haut dich auch.«

»Ist mir egal!« rief Finchen. »Meine Mama haut dich auch.«

»Einen Papa hast du ja nicht!« sagte Lena. Und dabei zwickte sie Finchen kräftig in den Arm, Finchen schubste sie um, und das blau-goldene Kleid bekam einen Riß.

»Das sag ich!« schrie Lena und fing zu weinen an. »Das sag ich, daß du das Kleid zerrissen hast und den Rock dreckig gemacht!« Und sie rannte an der hinteren Seite der Häuser entlang nach Hause.

»Warte!« schrie Finchen. »Warte! Sag nichts! Warte!« Sie rannte hinter Lena her, aber ihr langer Rock rutschte dauernd, sie konnte nicht schnell laufen, sonst stolperte sie noch. Lena lief durch ihre Gartentür und weinte, so laut sie konnte.

Finchen fuhr sich mit dem Mantelärmel über die Augen und trottete nach Hause. Als sie zur hinteren Tür hereinkam, stand ihre Mutter gerade in der Küche und packte die Einkäufe aus. Sie sah Finchen an und lachte.

»Was stellst du denn dar?« fragte sie.

»Wir haben Verkleiden gespielt«, sagte Finchen mit Piepsstimme.

»Das sehe ich«, sagte Finchens Mutter. »Was hast du denn alles im Gesicht? Marmelade?«

»Marmelade ist auch dabei«, sagte Finchen.

»Dann geh dich waschen, und deck den Tisch. Ich räume inzwischen die Sachen weg. Ich hab dir auch was mitgebracht, du bist ja wohl hoffentlich artig gewesen bei Lena.«

Finchen, die an der Spüle stand, kniff die Augen zusammen und wusch sich das Gesicht. Sie sagte nichts. Finchens Mutter packte Seife aus und eine Dose Puder. »Zieh diesen langen Rock aus«, sagte sie, »und nimm das hier mit rauf ins Badezimmer.«

Oben auf dem Flur sah Finchen kurz zur Schlafzimmertür ihrer Mutter und dachte an den Nagellack auf der Frisierkommode bei Lena.

Als sie wieder herunterkam, packte ihre Mutter zwei geblümte Tassen und Untertassen aus.

»Sie sind sehr alt«, sagte sie, »und irgendwo ist auch ein kleiner Sprung, aber sind sie nicht hübsch? Stell sie in den Schrank.«

Finchen machte den Geschirrschrank auf. Sie dachte an die zerbrochene Schüssel in Lenas Küche.

»Wo hab ich denn jetzt dein Geschenk?« sagte Finchens Mutter. »Ich dachte, es wäre hier – nein, das ist das Gemüse. Ich glaube, ich werd morgen Suppe kochen …«

Suppe! Finchen dachte an die Kohlblätter. Und an Herrn Kühns Laden. Und …

Das Baby! Sie hatten das Baby vor Herrn Kühns Laden stehenlassen!

»Ich muß noch mal weg«, sagte Finchen.

»Weg?« sagte Finchens Mutter. »Heute gehst du nirgendwo mehr hin. Es ist Zeit zum Abendessen.«

»Ich muß aber«, sagte Finchen. »Ich muß … ich muß Lena den Rock und die Perlen zurückbringen. Das hab ich versprochen.«

»Also, dann beeil dich«, sagte Finchens Mutter, und sie setzte den Kessel auf.

Finchen schoß aus dem Haus, den um die Perlen gewickelten Rock unter den Arm geklemmt. An der Ecke vor Herrn Kühns Laden stand der Puppenwagen, und das Baby schlief immer noch. Herr Kühn fegte gerade seinen Laden.

»Ihr habt wohl eure Puppe vergessen?« sagte er. »Ich dachte mir schon, daß es eure sein muß.«

»Gehört Lena«, sagte Finchen. Sie stopfte den Rock und die Perlen in den Puppenwagen und löste die Bremse. Dann schob sie, so schnell sie konnte, den Puppenwagen an der Rückseite der Häuser vorbei in Lenas Garten hinein. An der Küchentür blieb sie stehen und lauschte. Lenas Mutter schimpfte irgendwo, aber nicht in der Küche. Finchen ging hinein. Das ganze Durcheinander war noch da. Sie legte den Rock und die Glasperlenkette auf einen Stuhl, dann nahm sie ihre Puppe aus dem Kinderwagen. Behutsam legte sie Lenas Baby wieder hinein.

»Deine Mütze will ich dir lieber abnehmen«, flüsterte sie. Das Baby machte die Augen auf. Als es Finchen sah,

48

fing es an, mit den Händchen zu patschen und zu
wedeln.

»Ich kann dir jetzt nichts vorsingen«, flüsterte Finchen.
»Wenn du nicht verrätst, daß wir dich vergessen haben,
komme ich morgen wieder und singe.«
Vor Aufregung hatte Finchen ganz vergessen, daß Lenas
Baby nicht reden konnte.
Im Wohnzimmer schimpfte Lenas Mutter immer noch,
aber sie schimpfte nicht mit Lena. Sie schimpfte mit
Lenas Vater.
»Du hattest weiter nichts zu tun, als sie ein bißchen im
Auge zu behalten! Wie konntest du bei all dem Lärm
schlafen? Ein halbes dutzendmal hat unsere Lena
versucht, dich aufzuwecken, aber sie sagt, du hast dich
überhaupt nicht gerührt! Recht wär dir geschehen, wenn
sie das Baby aufgeweckt hätten, dann hättest du nämlich
kein Auge zugekriegt! O, wenn mir nicht so schlecht
wäre, wenn ich nicht so schreckliche Kopfschmerzen
hätte …«
Finchen nahm ihre Puppe und schlich nach Hause.

49

Nach dem Abendessen sagte Finchens Mutter:
»Kommst du auf meinen Schoß? Dann kriegst du dein
Geschenk.«
Finchen setzte sich bei ihrer Mutter auf den Schoß, und
die Mutter zeigte ihr, was sie mitgebracht hatte:
nagelneue strahlendweiße Söckchen mit einem
himmelblauen Streifen um den oberen Rand. Finchen
schwärmte für weiße Söckchen, aber sie mußte immer
braune anziehen, weil in ihren Gummistiefeln alle
Strümpfe rutschten, sich zusammenknuddelten und
schnell schmutzig wurden.
»Die ziehst du nur zu deinen guten weißen Sandalen an«,
sagte Finchens Mutter. »Freust du dich?«
Aber Finchen freute sich nicht. Die neuen weißen
Söckchen waren wunderschön, weich und glänzend, weiß
wie Schnee, aber Finchen rührte sie nicht an. Sie dachte
an den Nagellack auf der Frisierkommode und an den
guten Rock von Lenas Mutter und an die zerbrochene
Schüssel und an das vergessene Baby – und sie wußte
nicht, was sie tun sollte.

50

»Was ist denn los?« fragte Finchens Mutter. »Gefallen sie dir nicht?«

»Sie gefallen mir«, sagte Finchen. »Aber kann ich sie nicht lieber morgen kriegen?«

»Warum morgen?« fragte Finchens Mutter.

»Weil ich heute nicht artig war, aber morgen bin ich vielleicht artig.«

Aber Finchens Mutter lachte nur und sagte: »Du hast nicht etwa Lenas Vater aufgeweckt?«

»Nein«, sagte Finchen, »aber wir haben Kaffeekränzchen gespielt und Kuchenbacken, und dann …«

»Dann ist doch alles in Ordnung«, sagte Finchens Mutter, »wenn du nur nicht Lenas Vater geweckt hast. Und den Herd hast du doch wohl auch nicht angerührt oder Streichhölzer oder was anderes, von dem du weißt, daß du es nicht darfst?«

»Nein!« sagte Finchen. »Aber als wir uns verkleidet hatten, haben wir Nagellack …«

»Das ist recht, denn alles, was mit Feuer zu tun hat, ist gefährlich. Und das Baby habt ihr nicht aufgeweckt?«

»Doch«, sagte Finchen, »und ich hab ihm was
vorgesungen, und dann …«

»Schön von dir«, sagte Finchens Mutter. »Und ist es
wieder eingeschlafen, bevor Lenas Vater aufgewacht ist?«

»Es ist wieder eingeschlafen«, sagte Finchen. »Aber erst,
als wir …«

»Und was hast du ihm vorgesungen?« fragte Finchens
Mutter.

»*Fuchs, du hast die Gans gestohlen*«, sagte Finchen, »und
Bruder Jakob und *Kommt ein Vogel geflogen* und noch mehr.
Aber es ist erst eingeschlafen, als …«

»Hast du nicht *Schlaf, Kindlein, schlaf* gesungen?« fragte
Finchens Mutter. »Ich hab dich immer mit *Schlaf,
Kindlein, schlaf* in den Schlaf gesungen. Und als ich so alt
war wie du, habe ich meine kleine Schwester damit zum
Schlafen gebracht. Deine Tante Helene. Und weißt du,
was mir da mal passiert ist?«

»Nein«, sagte Finchen.

»Also, sie wollte und wollte nicht einschlafen, da hat
mich meine Mutter rausgeschickt, ich sollte Helene im

53

Kinderwagen bis zum Laden an der Ecke fahren. Sie ist
nämlich immer eingeschlafen, wenn man sie im
Kinderwagen gefahren hat. Das war bei dir genauso.
Jedenfalls, wir sind losgezogen, und ich war stolz wie
Oskar, weil ich meine kleine Schwester zum erstenmal
allein ausfahren durfte. Ich sollte ein Päckchen Tee
mitbringen, das kaufte ich also, und dann, weißt du, was
mir dann passiert ist?«
»Hast du das Baby vor dem Geschäft stehenlassen?«
fragte Finchen.
»Ja! Wie hast du das erraten? Du hättest mal sehen
sollen, wie ich losgerast bin, als es mir einfiel! So, jetzt
räum deine Söckchen auf, und zieh dir den Schlafanzug
an. Zeit zum Schlafengehen.«
»Aber ich will dir noch was sagen«, fing Finchen an. »Ich
und Lena …«
»Sag nicht ›ich und Lena‹. Wie sollst du sagen?«
»Lena und ich … ich meine, als Lena und ich … aber
Mama!«
»So, jetzt ist's genug. Du hast einen schönen Tag gehabt,

54

und jetzt ist's an der Zeit, schlafen zu gehen – versuch also keine Tricks zum Längeraufbleiben.«

»Es ist kein Trick zum Längeraufbleiben, ehrlich! Ich muß dir was wirklich Wichtiges sagen.«

»Es ist immer was wirklich Wichtiges, sobald die Zeit zum Schlafengehen da ist. Laß es mich jetzt nicht noch mal sagen. Geh schlafen. Und wenn du schön brav bist diese Woche und in der Schule alles ordentlich machst, nehme ich dich am nächsten Samstag mit zum Markt, und du darfst Karussell fahren. Kein Wort mehr jetzt. Ab mit dir.«

Finchen ging hinauf.

Als sie in ihrem gestreiften Schlafanzug im Bett lag, konnte sie hören, daß Lenas Mutter immer noch mit

Lenas Vater zankte. Sie tastete nach den neuen weißen Söckchen unter dem Kopfkissen und zog Panda Percys dicken, wuscheligen Kopf dichter an ihren heran. »Erwachsene sind komisch, Percy«, sagte sie. »Morgen muß ich unbedingt artig sein.«
Und das war sie dann auch.

Finchen und
der rothaarige Junge

Den Mittwoch kann ich nicht ausstehen«, sagte
Finchen. »Mittwoch ist fürchterlich.«

»Mach, daß du mit dem Frühstück fertig wirst«, sagte
Finchens Mutter. »Sonst kommst du zu spät zur Schule.«

»Ich sag dir was, Mama«, sagte Finchen. »Mittwoch ist
fürchterlich, und weißt du, warum?«

»Komm mal einen Moment her«, sagte Finchens Mutter,
»daß ich dir die Haare bürsten kann. Und wo ist die
Haarschleife, die zu diesem Rock paßt?«

»Rausgerutscht«, sagte Finchen. »Mama? Weißt du,
warum der Mittwoch fürchterlich ist? Weil er genau in
der Mitte der Woche ist und weil wir da fast den ganzen
Vormittag Rechnen haben, und ich kann nicht rechnen,
und zu Mittag gibt es immer was Ekelhaftes, und immer
regnet es, so daß wir nicht zum Spielen raus dürfen. Und
überhaupt ist Mittwoch ein fürchterliches Wort, das blöd
zu schreiben geht. Aua!«

»Wenn du nicht vergessen würdest, dir vor dem
Schlafengehen die Haare zu bürsten, hättest du nicht so
viele Knoten darin.«

»Ich hab sie gebürstet!« sagte Finchen.

»Aber nicht ordentlich«, sagte Finchens Mutter. »Du hast noch ein Gummiband drin. Geh jetzt Zähne putzen, und such die Haarschleife.«

Finchen lief hinauf, um sich die Zähne zu putzen. Die karierte Haarschleife, die zu ihrem Rock paßte, lag in ihrem Bett unter Panda Percy.

»Du bist noch ganz warm, Percy«, flüsterte sie ihm zu.

»Ich würd mich viel lieber mit dir ins Bett kuscheln und überhaupt nicht zur Schule gehen.«

Percy sah sie mit freundlichen braunen Augen an, und Finchen deckte ihn zu, damit er es behaglich hatte.

Als sie hinunterkam, nahm ihre Mama die Schleife und sagte: »Überleg dir's. Wenn du dir die Haare nicht bürstest, wirst du sie dir kurz schneiden lassen müssen.«

»Ich will keine kurzen Haare«, sagte Finchen. »Damit sehe ich aus wie ein Junge.«

»Nett würdest du aussehen«, sagte Finchens Mutter. »Nett und ordentlich.«

»Wie ein Junge«, sagte Finchen. »Das haben alle gesagt.«

60

»Dann denk dran, daß du deine Haare bürstest«, sagte
Finchens Mutter und band die Schleife fest.

»Mama?« sagte Finchen. »Weißt du, was meine
Lieblingshaarfarbe ist?«

»Blond wie die von Lena«, sagte Finchens Mutter.

»Wie hast du das gewußt?« fragte Finchen.

»Weil du alles willst, was Lena hat«, sagte Finchens
Mutter. »Braunes Haar ist genauso schön.«

»Mama?« sagte Finchen. »Kann ich zu Hause bleiben?«

»Zieh deinen Mantel an«, sagte Finchens Mutter. »Es ist
zehn vor acht.«

»Ich kann die Rechenaufgaben nicht«, sagte Finchen.

»Und heute ist ein Test.«

»Streng dich ordentlich an«, sagte Finchens Mutter.

»Und setz deine Kapuze auf, es fängt an zu nieseln.«

Der schmutzige Nieselregen machte winzige Pünktchen
auf das Küchenfenster, und alles sah düster und
erbärmlich aus, weil Mittwoch war.

»Ich will nicht zur Schule«, sagte Finchen. »Ich kann das
mit den Zehnern und Einern nicht, und du hast gesagt,

wenn ich gut in der Schule bin, darf ich mit zum Markt,
und wenn ich jetzt die Aufgaben nicht kann …«

»Zieh deine Gummistiefel an«, sagte Finchens Mutter.
»Und wenn du in der Schule bist, denk dran, deine
Turnschuhe anzuziehen. Und wenn du die
Rechenaufgaben nicht kannst, frag Frau Wohlrab, ob sie
dir hilft.«

»Es ist doch ein Test!« sagte Finchen. »Ich kann Frau
Wohlrab nicht fragen.«

»Dann frag einen von deinen Freunden.«

»Das geht auch nicht!« sagte Finchen. »Und an meinem
Tisch sitzt sowieso niemand, der rechnen kann.«

»Du machst eben, was du kannst, und läßt den Rest weg
wie Lena«, sagte Finchens Mutter. »Hast du dein
Taschentuch? Und verlier die Handschuhe nicht.«

»Aber Lena kann überhaupt keine von den Aufgaben«,
sagte Finchen.

»Was hast du denn da im Gesicht?« fragte Finchens
Mutter. »Zucker? Komm her.«

»Und Gerrit kann es auch nicht, der reibt immer mit

Spucke am Finger seine Zahlen wieder weg und macht
ein Loch in sein Rechenheft, und Robert spielt nur mit
den Rechenblöcken und läßt seinen Batman fliegen, und
Tahara sitzt nicht mehr an meinem Tisch, weil sie neben
Anna sitzt, und sie kann es sowieso auch nicht und –
Mama?«

»Da klopft Lena«, sagte Finchens Mutter.
Lena wedelte mit der Klappe am Briefkasten und rief: »Ist
Finchen fertig?«
»Jetzt geh«, sagte Finchens Mutter. Da mußte Finchen
gehen.
Langsam schlurften Finchen und Lena die Straße hinauf
zur Schule. Sie hatten ihre Kapuzen auf dem Kopf und
die Hände in den Taschen, weil es regnerisch und kalt
war.
»Ich hab Angst vor dem Rechentest«, sagte Finchen.
»Ich kriege einen neuen Mantel«, sagte Lena. »Am
Samstag auf dem Markt.«
Als sie am Schrebergarten vorbeikamen, ließ Herr
Schuhmacher gerade die Hühner aus dem Stall.

63

Steifbeinig und mit kleinen Schritten staksten sie herum, gackerten und scharrten in der nassen Erde nach Würmern.
Finchen blieb stehen, um ihnen zuzusehen. Sie mochte Herrn Schuhmachers Hühner. Die waren dick und glänzend und orange-braun. Könnte sie ihnen doch ihr Morgenfutter aus dem großen Behälter geben und dann hierbleiben und mit ihnen spielen! Sie platschte so gern mit ihren Gummistiefeln im Matsch herum und stocherte mit einem Stöckchen nach Würmern, um den Hühnern beim Suchen zu helfen.
»Los jetzt«, sagte Lena, »sonst kommen wir zu spät.«
Es klingelte. Sie mußten rennen, damit sie noch

rechtzeitig ins Schulhaus kamen, und vor lauter Eile fiel ihnen nicht auf, daß ein Neuer unter ihnen war.

Als sie das Klassenzimmer betraten, merkte Finchen immer noch nichts von dem Neuen, weil sie damit beschäftigt war, ihren nassen Mantel und die Gummistiefel aus- und die Turnschuhe anzuziehen. Dann stellten sie sich zum Beten auf.

Gerrit drängte sich zwischen Finchen und Lena und sagte: »Wir haben einen Neuen, und ich weiß, wo er wohnt, und er hat rote Haare und ein Fahrrad.«

»Na und?« sagte Lena. »Wen interessiert das?«

»Er kann kein richtig großes Fahrrad haben«, sagte Finchen. »Nicht, wenn er in unsere Klasse geht. Dazu ist er nicht alt genug.«

»Jakob Kunzmann hat eins«, sagte Gerrit.

»Was hat das damit zu tun?« sagte Lena.

»Er ist in der Dritten«, sagte Finchen, »und er ist viel älter als wir.«

»Ruhe jetzt!« rief Frau Wohlrab.

Frau Ansorge fing an, Klavier zu spielen, und alle gingen

in die Pausenhalle. Als sie sich hinter der Vorschulklasse aufgestellt hatten, sah Finchen verstohlen die Reihe entlang und entdeckte den rothaarigen Jungen. Er war groß. Er war so groß wie Julia Stock, und Julia war die größte in der Klasse. Sein Haar war wellig und rötlich-dunkelbraun. Als sich alle aufgestellt hatten, kam Frau Pohl hereingerauscht.

Sie sangen ein Lied, beteten, und dann sangen sie noch ein Lied.

Dann sagte Frau Pohl: »So! Diejenigen unter euch, die heute einen Test schreiben, tun gut daran, wenn sie sich ordentlich Mühe geben. Ich werde alles persönlich nachsehen, und sollte ich einen beim Abschreiben erwischen, bestelle ich ihn mitsamt den Eltern in mein Büro. Ist das klar?«

»Ja, Frau Pohl«, sagten alle.

»Ist das klar, Gerrit Graf?«

»Ja, Frau Pohl«, sagte Gerrit.

»Was habe ich eben gesagt?« fragte Frau Pohl.

»Sie haben gesagt … Sie haben gesagt … ›Ist das klar?‹«

»Geh ans Ende deiner Reihe!« donnerte Frau Pohl.
»Und stell dich neben deine Lehrerin, damit sie dich im
Auge behalten kann. Und dort möchte ich dich von nun
an jeden Morgen sehen, hast du mich verstanden? Und
gib ihr das Ding, mit dem du ständig spielst!«
Gerrit gab Frau Wohlrab den Gummiring, mit dem er
immer Kügelchen schnipste, dann spielte Frau Ansorge
noch mal Klavier, und alle gingen wieder in ihre
Klassenzimmer.
Frau Wohlrab schaltete das Licht an, denn es war dunkel
und regnerisch.
»Packt eure Lesebücher aus«, sagte sie, »und lest einen
Moment leise für euch, inzwischen richte ich alles her.«
Sie setzten sich auf ihre Plätze und packten ihre
Lesebücher aus. Finchen las eine Seite, und dann mußte
sie sie noch mal lesen, weil sie nicht mehr wußte, worum
es ging. Mit Sorge dachte sie an die Zehner und Einer.
Lena las ihre Seite laut und sehr langsam und deutete
dabei mit dem Finger auf die Wörter. Gerrit brauchte
nicht mit dem Finger zu deuten, denn er hatte ein

67

anderes Buch, und darin stand auf jeder Seite nur ein Wort. Er deutete aber trotzdem, und unter jedem Wort waren große schwarze Schmierer. Er merkte sich die Wörter nie, deshalb mußte Finchen ihm immer helfen, aber heute half sie ihm nicht, weil sie Angst hatte. Sie wünschte, sie bräuchte nur die Tests in Aufsatz und Rechtschreibung zu machen – und nicht den Rechentest.

Im Geschichtenschreiben war sie gut. Robert ließ seinen Batman über sein Buch fliegen. Er hatte es überhaupt nicht aufgeschlagen. Robert merkte nicht einmal, wenn ein Test geschrieben wurde. Finchen las ihre Seite noch einmal, aber sie mußte an den Test und an den Samstag denken. Ob ihre Mama sie mit zum Markt nahm und Karussell fahren ließ, wenn Finchen sagte, sie hätte sich

die größte Mühe gegeben? Und was nützte die größte
Mühe, wenn man trotzdem alle Aufgaben falsch machte?
Dann brauchte man es eigentlich gar nicht erst zu
versuchen, wie Robert. Und Lena versuchte es auch nie,
aber sie durfte zum Markt, und einen neuen Mantel
bekam sie auch.

Finchen gab das Lesen auf und sah sich um. Anna teilte
schon die Kästen mit den bunten Rechenblöcken aus, die
sie beim Zusammenzählen immer zu Hilfe nahmen.
Tahara gab jedem Papier und Bleistift. Frau Wohlrab saß
an ihrem Pult und schrieb in eine Liste, und der
rothaarige Junge stand daneben und sagte etwas. Dann
sah Frau Wohlrab hoch und zeigte zu Finchens Tisch. Der
rothaarige Junge kam und setzte sich neben Finchen.
Frau Wohlrab trat an ihren Tisch. »Das ist Stefan
Schneider«, sagte sie. »Also, Stefan, wir machen heute
vormittag einen kleinen Rechentest, danach einen in
Rechtschreibung, und am Nachmittag schreiben wir
einen Aufsatz. Wenn du was brauchst, komm zu mir, oder
frag Finchen hier.« Sie legte Finchen die Hand auf den

Kopf. »Finchen weiß, wo alles ist, und sehr gescheit ist
sie auch.«

Finchen freute sich. Als Frau Wohlrab weg war, lächelte
sie Stefan Schneider zu, denn man soll freundlich zu
neuen Kindern sein, damit sie sich schnell eingewöhnen.
Aber Stefan sah nur Robert an und fragte: »Was ist das ?«
Robert ließ weiterhin seinen Plastik-Batman über die
Wolkenkratzer fliegen, die er aus den bunten
Rechenblöcken gebaut hatte.

»Der-der-der-der-der-Bat-man!«

»Ich hab einen, der ist doppelt so groß«, sagte Stefan.
Dann nahm er seinen Bleistift und schrieb *Stefan
Schneider* auf sein Blatt. Dann schrieb er *Mittwoch*, ohne
auf dem Wandkalender nachzusehen, wie man es richtig
schreibt. Er hatte eine schlampige Jungenschrift, aber er
machte keinen Fehler bei *Mittwoch*.

Finchen schrieb ihren Namen in ihrer schönsten
Schrift, und dann schrieb sie *Mittwoch*, ohne auf den
Wandkalender zu schauen, aber es war falsch. Sie stieß
Lena an.

71

»Leihst du mir mal deinen Radiergummi?«

»Immer willst du meinen Radiergummi leihen«, sagte
Lena. »Du kannst ihn später haben. Jetzt brauche ich ihn
vielleicht.«

»Ach, komm«, sagte Finchen, »laß mich mal kurz.«
Und sie hielt den Finger über *Mitwoch*. Aber Lena gab ihr
den Radiergummi nicht. So war sie eben manchmal.
Sonst gab es an Finchens Tisch niemanden, der einen
Radiergummi besaß, denn Gerrit nahm zum Radieren
Spucke und seinen Finger, und Robert schrieb nie
etwas. Anna am nächsten Tisch hatte ein Mäppchen,
aber da war gewöhnlich kein Radiergummi drin.
Sie hob kleine Puppen darin auf und Haarspangen und
Bonbons.

Gerrit schrieb seinen Namen. Nicht vollständig, er
schrieb nur *Gerri* in großen, wackeligen, schiefen
Buchstaben. Stefan zeigte mit dem Finger darauf und
lachte. Seine Augen waren grün, und die großen
Sommersprossen hatten dieselbe Farbe wie seine Haare.
»Sei bloß still, du!« sagte Gerrit.

72

»Du solltest nicht über Leute lachen, weil sie nicht so
klug sind«, sagte Finchen.

»Dann werde ich mir Mühe geben, nicht über dich zu
lachen«, sagte Stefan.

Finchen, mit ihrem Finger über *Mittwoch*, wurde rot.

»Ruhe jetzt«, sagte Frau Wohlrab. »Ihr könnt mit dem
Rechnen anfangen, sobald ihr das Aufgabenblatt habt.
Und es wird nicht gesprochen oder abgeschrieben.«

Sie teilte die Blätter aus. Finchen sah sich die Aufgaben
an, und in ihrer Brust machte es bum, bum, bum, und ihr
wurde heiß und übel, denn in allen Aufgaben kamen
Zehner und Einer vor. Finchen schrieb die erste Aufgabe
auf ihr Testblatt, aber als sie den Strich darunter zog,
wurde er nicht gerade – obwohl das Papier Kästchen
hatte. Das kam, weil ihre Hand so zitterte.

In der ersten Aufgabe mußte man 27 und 43
zusammenzählen. Finchen nahm sich Zehnerblöcke und
außerdem einen Siebener- und einen Dreierblock. Als sie
den Siebener- und den Dreierblock auf den Zehnerblock
legte, sah sie, daß der Siebener und der Dreier dieselbe

73

Länge hatten wie der Zehner – das hieß also, sie hatte einen neuen Zehner. Finchen schrieb unter die 7 und die 3 in ihrer Aufgabe eine 1. Dann wußte sie nicht weiter. Wenn man Zehner und Einer zusammenzählte, mußte man die Zehner übertragen. Finchen wußte nicht, warum. Aber sie wußte, daß es so ging. Man schrieb eine der Ziffern unter den Strich und übertrug die andere. Aber Finchen hatte nur eine einzige Ziffer, und das war die 1. Sie hatte sie unter den Strich geschrieben, und nun war da nichts mehr zum Übertragen. Finchen hätte am liebsten geheult. Warum soll man eigentlich rechnen müssen? Zahlen bedeuten überhaupt nichts, sie jagen einem nur Angst ein, und sie machen nie, was sie sollen, sondern nur, was sie wollen – egal, wie wütend man auf sie ist.

Finchen warf einen Blick zu Lena hinüber. Lena schrieb alle Aufgaben schön ordentlich auf ihr Testblatt, ohne sie auszurechnen. Gerrit hatte erst zwei abgeschrieben, und jetzt malte er ein Flugzeug auf den Tisch. Robert hatte eine bunte Mauer gebaut, und sein Batman stand obendrauf und war bereit, herunterzuspringen und davonzufliegen. Finchen sah aus dem Fenster. Es war immer noch grau und regnerisch, und sie würden in der Pause nicht raus dürfen.

Finchens Magen fing zu knurren an. Sie war nicht mit dem Frühstücken fertig geworden, und jetzt hatte sie Hunger. Sie überlegte, was es zu Mittag geben könnte. Etwas Gutes war das mittwochs nie. Am Donnerstag gab es manchmal Fleisch und Bratkartoffeln. Bratkartoffeln aß Finchen gern. Auch Kartoffelbrei, den gab es immer zu Bohnen und Schinken – aber nur montags. Finchen dachte an Bohnen und Kartoffelbrei, und dann dachte sie an Bohnen auf Toast, und dann dachte sie an Toast mit zerschmolzener Butter und viel, viel roter Marmelade. Sie bekam Bauchweh vor Hunger, und die nächste Aufgabe hieß: 19 + 19. Finchen schrieb sie auf ihr Testblatt und hielt dabei immer einen Finger ihrer linken Hand über *Mitwoch*, damit Stefan es nicht sehen konnte. Sie linste zu ihm hinüber. Er schrieb schnell, legte schnell die Blöcke aufeinander, und manchmal rechnete er eine

Aufgabe aus, ohne die Blöcke überhaupt zu Hilfe zu nehmen. Er achtete kein bißchen darauf, ob seine Ziffern in den Kästchen standen, wie Frau Wohlrab ihnen gesagt hatte. Seine Zahlen waren genauso schlampig wie seine Schrift, aber er war schon fast mit der Hälfte der Aufgaben fertig.
Finchen nahm sich zwei Neunerblöcke, damit sie 19 und 19 besser zusammenzählen konnte. Sie waren so lang wie ein Zehnerblock und ein Achterblock. Finchen schrieb

die 8 unter die Einerreihe und übertrug eine Zehn. Die Rechnung sah ganz richtig aus, als Finchen damit fertig war, aber bei Rechenaufgaben konnte man nie sicher sein. Ihr Ergebnis lautete 38. Aber wie konnte man wissen, ob es stimmte? Sie versuchte noch eine Aufgabe und dann noch ein paar, doch plötzlich machte es in ihrer Brust bum, bum bum! Hatte sie jetzt die Einer aufgeschrieben und die Zehner übertragen, oder hatte sie die Zehner aufgeschrieben und die Einer übertragen? Und was hatte Frau Wohlrab noch mal gesagt? Finchen war so durcheinander, daß sie sich nicht mehr erinnern konnte. Sie sah sich alle Aufgaben an, die sie schon gemacht hatte. Was, wenn sie alle falsch waren? Stefan drehte sein Papier um und fing auf der anderen Seite mit einer neuen Aufgabe an. Finchen drehte ihr Blatt auch um. 26 + 15 schrieb Stefan in seiner fürchterlich schlampigen Schrift.

26 + 15 schrieb Finchen schön ordentlich. Dann hielt sie inne. Man durfte nicht abschreiben. Finchen starrte die Rechenaufgabe an – und haßte sie. Sie haßte alle Zahlen.

Sie gab sich solche Mühe, damit sie ihr gehorchten, aber umsonst. Sie waren schlimmer als Robert. Der machte auch immer, was ihm gerade einfiel, aber mit dem mußte man sich nicht abquälen. Robert hatte seinen Kopf auf den Tisch gelegt und beobachtete seinen Batman, der dicht über dem Blatt mit den Rechenaufgaben schwebte. Stefan nahm sich Rechenblöcke aus dem Kasten. Finchen nahm sich Rechenblöcke aus dem Kasten. Stefan schrieb eine 3 unter die Einer und noch eine 3 unter die Zehner.

Finchen schrieb das gleiche.

Ich schreibe ab, dachte sie. Obwohl sie sich sagte, das darf ich nicht, schrieb sie trotzdem ab. Sie hatte solchen Hunger, sie war müde, und sie hatte es so satt, daß ihr alles egal war.

Stefan nahm einen Zehner- und einen Siebenerblock und noch einen Zehner- und einen Sechserblock.

Finchen nahm das gleiche.

Frau Pohl bestellt mich in ihr Büro, und sie sagt es meiner Mama, dachte Finchen. Aber sie hatte solchen Hunger,

sie war müde, und sie hatte es so satt, daß ihr alles egal
war. Dann klingelte es, und Frau Wohlrab sammelte die
Blätter ein.

Es regnete kaum noch, deshalb zogen sie ihre Mäntel an
und gingen auf den Schulhof. Finchen und Lena
spazierten rund um den nassen Hof und aßen
Gummibärchen. Lena aß die dunklen, weil es ihre
Gummibärchen waren. Finchen machte es nicht viel aus,
weil sie sowieso Bauchschmerzen hatte. Die Jungen
spielten Fußball, und Gerrit kam mit rotem Gesicht und
Rotznase zu Finchen und Lena gelaufen.

»Ich spiele mit Stefan Schneider«, sagte er. »Und er sagt,
du mußt ganz schön blöd sein, wenn du dich für klug
hältst. Du kannst ja nicht mal richtig schreiben!«

»Ich kann sehr wohl richtig schreiben!« rief Finchen.
Dann fiel ihr ein, daß sie *Mitwoch* geschrieben hatte, und
sie wurde rot.

»*Du* kannst ja nicht mal deinen Namen schreiben!«
sagte Lena. »Und mit wem du spielst, ist uns doch egal,
weil *wir* jedenfalls nicht mit dir spielen wollen.«

Gerrit wischte seine Rotznase am Ärmel ab und stürmte davon. Dann fing es wieder zu regnen an, und die Pfeife trillerte – das war das Zeichen, daß alle Kinder reinkommen mußten.

Nach der Pause sammelte Frau Wohlrab für den Rechtschreibtest alle Lesebücher ein. Jeder mußte nach vorn kommen und ein Wort aus seinem Lesebuch auf die kleine Tafel neben Frau Wohlrabs Pult schreiben.

Als Gerrit an der Reihe war, sollte er *Bett* schreiben. Er schoß nach vorn und schrieb mit quietschender Kreide BET. Frau Wohlrab wartete einen Augenblick ab, ob er noch weiterschreiben würde. Dann gab sie ihm sein Lesebuch zurück, und er lief wieder zu seinem Platz.

»Nicht richtig«, flüsterte Finchen.

»Mir egal«, sagte Gerrit.

Stefan Schneider lachte.

»Ruhe jetzt«, sagte Frau Wohlrab, und dann ging Lena nach vorn zur Tafel.

»Schreib ›frieren‹, Lena«, sagte Frau Wohlrab.

Lena nahm die Kreide, schrieb mit großen Buchstaben

80

FRIEREN – und überlegte. Dann quetschte sie zwischen
FRIE und REN noch ein H. Frau Wohlrab sagte immer,
daß eine Silbe durch IE oder durch H gedehnt würde,

und Lena fand es am besten, wenn sie beides schrieb – für alle Fälle und weil es ein Test war.

Danach rief Frau Wohlrab Robert auf, und Robert ging vor.

»Kannst du mir mal ›Ball‹ an die Tafel schreiben?« sagte Frau Wohlrab.

»Nein«, sagte Robert. Alle beobachteten ihn gespannt. Einmal, als Frau Pohl ihn zum Schreiben gedrängt hatte, hatte er sie getreten.

»Versuch's einfach mal«, sagte Frau Wohlrab.

Robert trat nicht. Er nahm die Kreide, krakelte und kritzelte etwas auf die Tafel und tat, als schriebe er.

»Danke, Robert«, sagte Frau Wohlrab, und Robert setzte sich wieder.

»Das ist gar kein richtiges Wort«, sagte Lena.

»Mir egal«, sagte Robert.

Stefan Schneider lachte und lachte.

»Ruhe jetzt«, sagte Frau Wohlrab, und Finchen ging nach vorn zur Tafel.

»Schreib ›Giraffe‹«, sagte Frau Wohlrab.

GIRA schrieb Finchen, und dann FFE.

»Sehr gut«, sagte Frau Wohlrab. »Das ist ein Wort, lang wie ein Giraffenhals, aber du hast es richtig geschrieben.« Finchen strahlte und ging wieder an ihren Platz.

»Ein schwieriges Wort – Giraffe«, sagte Lena.

»Ach was«, sagte Finchen, »das ist einfach.«

»Angeberin!« sagte Stefan, dann kam er an die Reihe.

»Also dann, Stefan«, sagte Frau Wohlrab. »Du hast noch kein Lesebuch, also wollen wir mal sehen. Gerrit hat mir erzählt, daß du ein Fahrrad hast, stimmt das?«

»Hab ich, ja«, sagte Stefan. »Metallic-blau und mit Gangschaltung.«

»Schön«, sagte Frau Wohlrab, »versuch mal, ob du ›Fahrrad‹ schreiben kannst, Stefan.«

»Das ist einfach«, sagte Stefan. Er schrieb FAHRRAD. Dann setzte er sich wieder auf seinen Platz.

»Sehr gut, Stefan«, sagte Frau Wohlrab. »Ich sehe schon, du wirst den Test recht gut machen.«

»Du hast überhaupt kein Fahrrad«, sagte Lena. »Du bist nämlich noch gar nicht alt genug dafür.«

83

»Kümmer dich um deinen eigenen Kram«, sagte
Stefan, »sonst kriegst du's nach der Schule mit mir zu
tun.«

»He-he! Das sag ich Frau Wohlrab!« tuschelte Lena.
Aber dann sagte sie es doch nicht, weil es gerade zur
Mittagspause klingelte. Es gab Auflauf mit Zwiebeln und
Käse, und er roch eklig, war kalt und glitschig, und die
Kartoffeln waren wie graue Klumpen. Als Nachtisch gab
es roten Wackelpeter mit einem Keks – das mochte
Finchen gern. Sie aß auch Lenas Wackelpeter, weil Lena
Wackelpeter nicht ausstehen konnte und nur den Keks
aß. Draußen regnete es unaufhörlich, und die großen
Fenster des Speisesaals waren beschlagen. Sie mußten
die ganze Mittagspause über im Klassenzimmer bleiben.
Es war stickig, heiß und laut. Finchen setzte sich auf das
Stück Teppich in der Leseecke, machte die Augen zu
und überlegte sich eine Geschichte, die sie nachher
schreiben konnte. Als es klingelte und Frau Wohlrab
kam und die Blätter austeilte, hatte Finchen ihre
Geschichte im Kopf fertig.

Sie schrieb ihren Namen oben auf das Blatt und den Tag,
dann fing sie mit ihrer Geschichte an.

Es war einmal, schrieb Finchen, ein großes braunes
Kaninchen …

Sie schrieb, so schön und so schnell sie konnte, denn ihre
Geschichte sollte die beste und die längste sein. Als ihr
allmählich die Hand schmerzte vom vielen Schreiben,
machte sie eine kleine Pause. Ihre Schrift sah ein bißchen
krumm aus. Mit spöttischem Gesicht sah Stefan auf
Finchens Blatt. Ob sie schon wieder *Mittwoch* falsch
hatte? Sie legte ihren Finger darüber, für alle Fälle, und
dann schrieb sie ihre Geschichte weiter.

Als das braune Kaninchen das weiße Kaninchen im Käfig
sah, sagte es …

»Das ist doof«, sagte Stefan Schneider, »weil Kaninchen
gar nicht reden können.«

Finchen spürte, wie ihr Gesicht rot und heiß wurde, und
in ihrer Brust machte es bum, bum, bum. Aber sie schrieb
weiter. Ab und zu warf sie einen flüchtigen Blick auf
Stefans Blatt und sah, daß seine Geschichte genauso lang

85

war wie ihre. Als sie schneller schrieb, schrieb auch er schneller, und als sie mit großen Buchstaben ENDE schrieb, schrieb auch er ENDE. Aber seine Schrift war schlampig.

Frau Wohlrab sammelte alle Geschichten ein, nur von Robert bekam sie nichts, denn er hatte nichts geschrieben.

»Sprechende Kaninchen!« sagte Stefan, als sie nach Unterrichtsschluß ihre Mäntel anzogen. »Das paßt zu dir! Du sprechendes Kaninchen!«

Als sie aus dem Schultor gingen, rief er laut: »Sprechendes Kaninchen!«

Und Gerrit brüllte: »Sprechendes Kaninchen!«

Da lachten alle.

Als Finchen nach Hause kam, war sie den Tränen nahe.

»Was ist denn mit dir los?« fragte Finchens Mutter.

»Stefan Schneider hat mir blöde Namen nachgerufen!«

»Wasch dir die Hände«, sagte Finchens Mutter.

»Alle haben über mich gelacht!« sagte Finchen.

»Deck den Tisch«, sagte Finchens Mutter.

Finchen deckte den Tisch.

Als sie im Bett lag, umarmte sie Panda Percy stürmisch, drückte ihn fest an sich und sagte: »Ich hasse diesen Stefan Schneider. Ich hasse ihn, und ich hasse sein scheußliches rotes Haar, und ich hasse seine schlampige, blöde Schrift und sein blödes Fahrrad.«

So sehr haßte sie ihn, daß es ihr innen drin weh tat und daß sie nicht mal weinen konnte.

Am nächsten Tag, als Finchen und Lena im Regen an Herrn Schuhmachers Schrebergarten vorbeigingen, blieb Finchen plötzlich stehen.

»Was ist?« fragte Lena. »Mach schon, sonst kommen wir zu spät.«

»Ich will nicht zur Schule«, sagte Finchen und fing an zu weinen.

»Los, komm«, sagte Lena. »Es klingelt schon.«

Aber Finchen klammerte sich an Herrn Schuhmachers Zaun, und Lena gelang es nicht, sie wegzuziehen.

»Was ist denn los mit dir?« fragte Lena, aber Finchen

87

wollte nichts sagen. Sie hatte gerade daran gedacht, daß
sie die Aufgaben im Rechentest abgeschrieben hatte.
Und Frau Pohl würde es heute entdecken. Finchen
schubste Lena zur Seite und rannte nach Hause, so
schnell sie in ihren Gummistiefeln rennen konnte. Aber
an ihrer Hausecke blieb sie wieder stehen. Wenn sie
hineinginge, würde ihre Mama schimpfen. Wenn sie zur
Schule ginge, würde Frau Pohl schimpfen. Wenn sie zu
spät zur Schule käme, würde Frau Wohlrab schimpfen.
Wenn sie erst nach Hause ginge und dann zur Schule und
dann noch zu spät käme, würden alle schimpfen.
Weinend rannte Finchen wieder zurück zur Schule.
Sie kam ein bißchen zu spät, aber niemand merkte es.
Niemand hörte, daß sie weinte, weil sie leise weinte,
und naß im Gesicht waren viele Kinder, weil es
regnete.
Beim Beten war ihr schlecht, und sie mußte immerzu den
Kopf gesenkt halten und sich mit dem Ärmel über die
Augen wischen.
Plötzlich sah Frau Pohl von ihrem Podest herab und

88

zeigte auf die Reihe, in der Finchen stand. »Du da!«
donnerte sie. »Was hab ich gestern gesagt?«
Finchen wollte sagen *Nicht abschreiben*, aber aus ihrer
Kehle kam kein Ton, weil sie vor Angst nicht reden
konnte.
»Na?« grollte Frau Pohl.
Finchen wollte gerade laut losweinen, da sagte Gerrit
neben ihr: »Ich soll mich ans Ende der Reihe stellen.«
»Dann tu das auch!«
Gerrit trottete ans Ende der Reihe und stellte sich neben
Frau Wohlrab, und dann sangen sie *Freuet euch der*
schönen Erde.
Als sie wieder im Klassenzimmer waren, sagte Frau
Wohlrab: »Finchen, was ist denn mit dir los? Komm mal
her.«
Finchen sah Frau Wohlrab an und wollte ihr alles
erklären.
»Ich hab …« stammelte sie. »Ich hab … ich hab … ich
hab …« Aber sie mußte so weinen, daß sie es einfach
nicht herausbrachte.

89

»Komm mal auf meinen Schoß«, sagte Frau Wohlrab.
»Und hör zu weinen auf, damit du es mir deutlich sagen
kannst.«
Da setzte sich Finchen auf Frau Wohlrabs Schoß und
drückte ihr Gesicht an Frau Wohlrabs weichen
Wollpullover, der so gut nach Parfüm roch. Dann erzählte
sie alles.
»Das ist ja komisch«, sagte Frau Wohlrab. »Ich hab es
nämlich beim Korrigieren gar nicht gemerkt. Bei wem
hast du abgeschrieben?«
»Stefan Schneider«, sagte Finchen.
Frau Wohlrab nahm Finchens Blatt und Stefans Blatt
von dem Stoß auf ihrem Pult.
»Zeig mal, welche du abgeschrieben hast«, sagte sie.
Finchen zeigte es ihr. »Von hier«, sagte sie, »bis zum
Schluß.«
»Aber die sind alle falsch«, sagte Frau Wohlrab, »und
Stefan hat sie richtig.« Dann sagte sie: »Ah, jetzt verstehe
ich. Du hast Stefans Lösungen abgeschrieben, aber du
hast sie unter die falschen Aufgaben gesetzt. Und weißt

90

du eigentlich, daß du bis zu dieser Stelle – abgesehen von der ersten Aufgabe – alles richtig hast? Oh, Finchen, was mach ich nur mit dir?«

»Ich weiß nicht«, sagte Finchen.

»Wenn du allein weitergemacht hättest«, sagte Frau Wohlrab, »hättest du wahrscheinlich neun von zehn Punkten bekommen. Warum hast du solche Angst, Finchen?«

»Ich weiß nicht«, sagte Finchen. »Wird Frau Pohl mich bestrafen?«

»Nein«, sagte Frau Wohlrab. »Sie hat es ebensowenig gemerkt wie ich. Hättest du die Aufgaben richtig, nur weil du abgeschrieben hast, hätte ich es ihr sagen müssen. Aber so hast du dir nur selber geschadet, nicht wahr?«

»Ja«, sagte Finchen.

Frau Wohlrab zog ein Papiertaschentuch aus dem Kästchen auf ihrem Pult. »Das nächste Mal«, sagte sie, »strengst du dich ordentlich an und machst dir nicht selber solche Angst. Versprochen?«

»Ja«, sagte Finchen.

»Schneuzen«, sagte Frau Wohlrab. Und Finchen schneuzte.

Als sie wieder auf ihrem Platz war, sagte Lena: »Stefan sagt, er will uns verhauen. Das erzähl ich Frau Wohlrab.« Finchen sagte nichts. Stefan war groß und stark, und wenn er dahinterkäme, daß Finchen bei ihm abgeschrieben hatte, würde er sie vielleicht wirklich verhauen. Sie sah ihn den ganzen Vormittag nicht an, und er sah sie auch nicht an. Zu Mittag gab es Pommes frites, und das munterte Finchen auf. Nach der Mittagspause zeichneten sie, und das munterte Finchen noch mehr auf. Sie zeichnete eine Prinzessin für sich

selbst und eine für Lena. Gerade wollten sie ihre
Prinzessinnen ausmalen, da ging die Tür auf, und mit
rotem Gesicht stürmte Frau Pohl herein und rief:
»Entschuldigen Sie, Frau Wohlrab!« Sie wedelte mit zwei
Papierblättern. »Wo sitzt Stefan Schneider?«
Frau Wohlrab zeigte es ihr.
»Das habe ich mir gedacht!« sagte Frau Pohl dröhnend.
»Neben Finchen Schmidt!«
In Finchens Brust machte es bum, bum, bum, und ihr
wurde wieder schlecht.
»Herkommen, alle beide!« befahl sie.
Finchen und Stefan standen auf und gingen zu Frau Pohl.
»Ich bin überrascht von dir«, zankte Frau Pohl und
wandte sich an Stefan. »Bist du nicht der Klassenbeste
gewesen in deiner vorherigen Schule? Hat mir das dein
Vater nicht gesagt, als er dich gestern gebracht hat?«
Stefan antwortete nicht.
»Und du, junge Dame«, schimpfte Frau Pohl und wandte
sich an Finchen, »hast du von der Abschreiberei gewußt?
Nun?«

»Ja, Frau Pohl«, hauchte Finchen.

»Sprechende Kaninchen!« rief Frau Pohl donnernd. »Ihr könnt was erleben, ihr sprechenden Kaninchen! Das kriegen eure Eltern zu hören! Danke, Frau Wohlrab!« Und damit schleuderte Frau Pohl die Blätter auf Frau Wohlrabs Pult und marschierte hinaus.

Frau Wohlrab starrte die Blätter an. Finchen starrte die Blätter an. Stefan starrte die Blätter an. Alle warteten ab, was geschehen würde. Frau Wohlrab nahm eins der Blätter in die Hand. »Es war einmal ein braunes Kaninchen …« las sie. »Deine Geschichte«, sagte sie zu Finchen. Und es war tatsächlich Finchens Geschichte. Auf dem anderen Blatt stand die gleiche Geschichte – abgeschrieben von Stefan Schneider.

»Du hast Finchens Geschichte abgeschrieben«, sagte Frau Wohlrab.

»Ich kann keine Geschichten erfinden«, sagte Stefan.

»Hast du wirklich gewußt, Finchen, daß er abgeschrieben hat?« fragte Frau Wohlrab.

»Nein«, sagte Finchen.

»Aber warum hast du dann zu Frau Pohl gesagt, du
hättest es gewußt?«
»Ich dachte, sie hat meine Rechenaufgaben gemeint«,
sagte Finchen.
»Ach, du meine Güte!« sagte Frau Wohlrab. »Geht jetzt
an eure Plätze und lest.«
Nach Unterrichtsschluß, als sie ihre Mäntel anzogen,
sagte Lena zu Finchen: »Ich geh nicht mit dir nach
Hause, weil du gemogelt hast.« Dann ging sie mit Anna
davon.
Finchen machte sich allein auf den Heimweg, sie hatte
ein bißchen Angst. Stefan war größer als sie, und sie
konnte sich nicht mit ihm prügeln. Sie fing an zu rennen,
aber plötzlich blieb sie stehen. Da stand Stefan
Schneider. Er stand allein vor Herrn Schuhmachers
Schrebergarten und trat immerzu gegen den Gartenzaun,
so daß die Hühner aufgeregt flatternd davonrannten.
»Hör auf damit!« schimpfte Finchen. Sie vergaß ihre
Angst vor Stefan, denn die Hühner waren ihre Freunde.
»Hör sofort auf! Du machst ihnen angst!«

Stefan drehte sich um und sah Finchen an. Sein Gesicht war fast so rot wie seine Haare, seine Nase lief, und seine Wangen waren schmutzig und feucht.

Finchen hörte auf zu schimpfen.

»Warum weinst du?« fragte sie.

»Ich weine gar nicht«, sagte Stefan. Aber er weinte doch.

»Hast du Angst vor Frau Pohl?« fragte Finchen. Vor Frau Pohl hatten sie alle Angst.

Stefan schüttelte den Kopf und trat wieder gegen den Zaun. Die Hühner hatten sich in die Nähe des Stalls geflüchtet und beobachteten ihn aus sicherer Entfernung.

Finchen schimpfte nicht.

»Wovor hast du dann Angst?« fragte sie.

»Vorm Heimgehen«, sagte Stefan, »und daß ich dann meinem Vater alles erzählen muß.«

»Schimpft er mit dir?« fragte Finchen.

Stefan schüttelte den Kopf.

»Haut er dich?« fragte Finchen.

Stefan schüttelte den Kopf.

»Was dann?« fragte Finchen.

»Er regt sich auf«, sagte Stefan, »wenn ich nicht mehr der Beste in der Klasse bin wie früher. Wegen ihm habe ich die Schule wechseln müssen, und jetzt hab ich keine Freunde mehr.«

Finchen wußte nicht genau, was er meinte. Sie hatte keinen Vater, und deshalb wußte sie nicht, wie Väter so sind.

»Warum sagst du's nicht deiner Mama?« fragte sie. »Die läßt dich dann wieder auf deine andere Schule gehen.«

»Ich hab keine Mama mehr«, sagte Stefan.

»Aber du mußt eine Mama haben«, sagte Finchen.

»Sonst hast du ja keinen, der dir was zu essen kocht und der dir die Tür aufmacht, wenn du nach Hause kommst.«

»Ich kann mir selber aufmachen«, sagte Stefan. »Ich hab meinen eigenen Schlüssel, und dann warte ich, bis mein Papa von der Arbeit heimkommt. Er hat mir einen Video gekauft und neue Fußballschuhe und ein Rad, weil meine Mama weggegangen ist und woanders wohnt.«

»Ist es wirklich ein richtiges Fahrrad?« fragte Finchen.

»Wenn ich's dir erzähle«, sagte Stefan, »darfst du's aber keinem weitersagen.«
»Ich sag nichts«, sagte Finchen. »Hand aufs Herz.«
»Es ist ein Fahrrad«, sagte Stefan, »aber Gangschaltung hat es nicht. Es ist ein Kinderrad mit Stützrädern. Wenn du nicht bei meinem Papa petzt, daß ich von dir abgeschrieben habe, laß ich dich damit fahren.«

»Ich petze nie«, sagte Finchen. »Und überhaupt, ich hab ein paar Rechenaufgaben von dir abgeschrieben. Aber vielleicht verrät Frau Pohl es ihm. Das hat sie gesagt. Wenn du willst, kannst du bei mir zu Hause bleiben, bis dein Papa kommt. Ich frag meine Mama, ob du mit uns zu Abend essen darfst, weil du keine Mama hast.«

»Ich muß erst fragen«, sagte Stefan. »Morgen vielleicht.«
Er hörte auf zu weinen, und langsam gingen sie zusammen die Straße hinunter.

»Meine Mama kann Kleider nähen«, sagte Finchen.
»Sogar Hochzeitskleider mit Spitzen dran und allem.«

»Mein Papa kann Sachen reparieren«, sagte Stefan.
»Und er kann angeln und ich auch. Wenn du wissen willst, wie man Fische fängt, kann ich's dir zeigen. Du mußt ein Marmeladenglas mitbringen.«

»Meine Mama hat haufenweise Marmeladengläser«, sagte Finchen. »Ich frage sie gleich, wenn ich zu Hause bin.«

»Mama!« brüllte sie, als sie durch die Tür stürmte und sie hinter sich zuschlug. »Stefan kommt zum Abendessen,

und er kann Fische fangen und Fahrrad fahren, und er
kann sogar rechnen!«

»Knall nicht so mit der Tür«, sagte Finchens Mutter.
»Ich dachte, Stefan war der Junge, der dir dumme Namen
nachgerufen hat.«

»Weiß ich gar nicht mehr«, sagte Finchen. »Und sowieso:
›Stöcke und Steine brechen Beine. Dumme Namen tun
nicht weh.‹ Und Mama? Weißt du was meine
Lieblingshaarfarbe ist?«

»Blond wie die von Lena«, sagte Finchens Mutter.

»Eben nicht!« sagte Finchen. »Rot! Weil ich jetzt einen
Jungen mit roten Haaren kenne. Und der ist mein
Freund!«

Finchen
auf dem Markt

E's war Samstag. Finchen und ihre Mutter saßen beim Mittagessen. Den ganzen Morgen hatte es geregnet, und die dunkle Mauer im Hof glänzte naß.

Finchens Mutter sah zum Fenster hinaus. »Ich glaube, es hellt sich auf«, sagte sie.

Der Wind ließ noch einen Schwall Regen an die Scheibe des Küchenfensters klatschen, dann kam die Sonne heraus.

»Kann ich meine Sandalen anziehen?« fragte Finchen.

»Nein«, sagte Finchens Mutter. »Du kannst bei diesem Wetter nicht mit weißen Sommersandalen rumlaufen. Du ziehst deine Halbschuhe an.«

Die Halbschuhe konnte Finchen nicht ausstehen. Sie waren hart und braun und zum Schnüren, und Finchen mußte beim Laufen immer aufpassen, daß sich die Kappen nicht so schnell abstießen. Bei den weißen Sandalen machte es ihr nichts aus aufzupassen, denn die Sandalen gefielen ihr. »Kann ich dann meine Gummistiefel anziehen?« fragte sie.

»Du ziehst deine Halbschuhe an«, sagte Finchens Mutter.

»Und wenn du nicht endlich dein Fleisch aufißt, bleibst
du hier. Komm, iß jetzt weiter.«
Finchen aß weiter. Vor lauter Schmetterlingen im Bauch
war sie gar nicht hungrig. Sie war aufgeregt, weil sie gleich
zum Markt fahren würden. Dort gab es ein Karussell und
Verkaufsbuden mit Spielzeug und gebackene Kartoffeln
und Hunderte Sorten von Blumen und Sachen zum
Anziehen, und da war ein Mann mit einem Koffer, der
verkaufte Äffchen, die an Stäben hoch- und
runterkletterten. Wenn man an all diese Herrlichkeiten
denkt, will man am liebsten gar nicht mehr weiteressen,
aber Finchen hatte da einen Trick.
Sie beobachtete ihre Mutter und aß dann genau in
der gleichen Reihenfolge. Nahm Finchens Mutter
Möhren und ein Stück Kartoffel auf ihre Gabel, nahm
auch Finchen Möhren und ein Stück Kartoffel auf ihre
Gabel. Schnitt Finchens Mutter Fleisch ab und sah
beim Kauen aus dem Fenster, schnitt auch Finchen
Fleisch ab und sah beim Kauen aus dem Fenster.
So wurde sie, ohne es richtig zu merken, mit ihrer

103

Portion fertig, und Nachtischessen ging sowieso
leicht.

»Gehen wir zu Christine Pfender?« fragte sie.

»Ich weiß nicht«, sagte Finchens Mutter. »Vielleicht.
Wart's ab.«

Christine Pfender ging nicht auf Finchens Schule. Ihre
Mutter verkaufte Kleidung auf dem Markt. Wenn
Christine dort war, könnte Finchen mit ihr spielen,
während ihre Mütter sich unterhielten. Sie könnten
zwischen den Buden hin und her rennen und sich hinter
den Mantelreihen verstecken.

»Ich mag Christine gern«, sagte Finchen.

»Du magst nur ihren Namen«, sagte Finchens Mutter.

»Ich weiß«, sagte Finchen. »Aber sie hat Zöpfe und auch
ein Armband. Fahren wir jetzt?«

»Ich will noch eine Tasse Tee trinken«, sagte Finchens
Mutter. »Wasch dir die Hände und das Gesicht, und
knöpf deine Jacke richtig zu.«

Als sie zur Bushaltestelle kamen, blies der Wind, die
Sonne schien, und Lena stand schon mit ihrer Mutter da.

»Ich krieg einen neuen Mantel«, sagte Lena.
»Himmelblau und wattiert, mit Kapuze.«
Finchen sagte nichts.
»Und soll ich dir noch was sagen?« sagte Lena. »Es gibt
einen Stand, da verkaufen sie Anstecker mit Namen
drauf, und ich kauf mir einen. Du auch?«
»Vielleicht«, sagte Finchen, aber dabei kniff sie die
Augen zusammen, weil sie nur eine Mark hatte und
keine Ahnung, was diese Anstecker kosteten.
Im Bus saßen Finchen und Lena neben ihren Müttern.
Sie konnten beide den Geruch im Bus und den Lärm
nicht ausstehen, und manchmal wurde ihnen übel. Wenn
Lena schlecht wurde, heulte sie, und wenn Finchen
schlecht wurde, war sie still und blaß. Manchmal sagte
Finchen, ihr würde schlecht, weil die Erwachsenen so
laut redeten. Jetzt redeten sie wirklich sehr laut, sie
hatten dicke Mäntel an und Regenumhänge und Taschen
und Schirme, und man wurde so zusammengedrückt, daß
man nichts sehen konnte und kaum Luft kriegte.
»Darf ich ans Fenster?« fragte Finchen.

105

»Du kannst auf meinem Schoß sitzen«, sagte Finchens
Mutter, »und der Frau diesen Platz überlassen.«
Finchen wurde jetzt noch mehr gequetscht als vorher,
aber wenigstens konnte sie aus dem Fenster gucken.
Als sie das Krankenhaus sah, in dem sie die Mandeln
rausgekriegt hatte, wußte sie, daß sie fast da waren und
daß ihr nicht mehr schlecht werden würde.
Am Marktplatz stiegen alle aus. Zum Überqueren der
Straße mußten sich Finchen und Lena von ihren
Müttern an die Hand nehmen lassen. Danach liefen sie
beide Hand in Hand voraus. Sie stürmten los, hüpften
und schrien: »Wir fahren Karussell! Wir fahren
Karussell!«
Dann lief Lena wieder zu ihrer Mutter. »Dürfen wir jetzt
sofort Karussell fahren?« fragte sie.
»Gleich«, sagte Lenas Mutter.
Aber sie waren eben erst an dem Mann mit den
gebackenen Kartoffeln vorbei, als ihre Mütter
stehenblieben und sich mit einer Frau mit rotem
Kopftuch unterhielten. Sie redeten und redeten und

106

redeten. Sie sagten: »Wie geht es Ihnen?« Und: »Haben Sie schon gehört, daß Lisa Schuhmacher im Krankenhaus ist?« Und: »Sie hat den jüngsten Kestner-Sohn geheiratet, erinnern Sie sich?«

Und Finchen und Lena mußten warten und warten und warten.

Schließlich gingen sie weiter zu den Obst- und Gemüseständen und kauften Äpfel und Salat und Tomaten. Die Obst- und Gemüsestände waren direkt neben dem Karussell. Als eine Frau mit einem braun-gelben Kopftuch herankam und fragte: »Wie geht es Ihnen?« rannten Finchen und Lena davon. Sie rannten zum Karussell und warteten dort.

»Womit fährst du?« fragte Lena. »Ich nehm das weiße Auto dort, weil es eine Hupe hat.«

»Ich glaube, ich fahr mit der Lokomotive«, sagte Finchen, »weil man da mit der Glocke bimmeln kann. Nur – das Pferd gefällt mir genauso gut.«

»Auf dem Pferd fahr ich nicht«, sagte Lena. »Da kann man runterfallen. Hat meine Mama gesagt.«

107

»Und wenn schon?« sagte Finchen. Daß man vom Pferd fallen könnte, daran hatte sie noch nie gedacht. Im Moment saß ein Junge darauf, und der war ein bißchen auf die eine Seite gerutscht. Aber er fiel nicht herunter, denn neben dem Pferd war eine dicke Stange zum Festhalten. Das Pferd hatte eine goldene Mähne und einen roten Sattel, sein Maul stand offen, so daß man die Zähne sehen konnte, und es lief im Galopp. Aber eine Glocke hatte es nicht. Und die Glocke gefiel Finchen besonders gut. Irgend jemand läutete gerade.
»Schau mal, der auf der Lokomotive!« sagte Lena. »Das ist Gerrit.«

Tatsächlich, er war es. Als das Karussell anhielt, sprang er ab, lief an Finchen und Lena vorbei, weinte und rief: »Mama! Wo ist meine Mama? Ich habe meine Mama verloren!«

Er hatte seine Mama nicht verloren. Sie stand nur auf der anderen Seite des Karussells und redete mit jemandem – genau wie die Mütter von Finchen und Lena. Gerrits Mutter schnappte sich ihren Sohn und schimpfte mit ihm, weil er so ein Angsthase war. Der Karussellmann klingelte.

»Komm, wir steigen ein!« sagte Lena.

»Das geht nicht – ohne unsere Mütter«, sagte Finchen. »Man muß bezahlen.«

»Wir können mit unserem Taschengeld zahlen«, sagte Lena.

»Können wir nicht«, sagte Finchen. »Davon wollen wir uns doch Anstecker kaufen.«

»Wir kriegen schon noch mal Geld von unseren Müttern«, sagte Lena, und dann stieg sie auf das Karussell und setzte sich in das weiße Auto.

Finchen steckte die Hand in ihre Manteltasche und
tastete nach dem Markstück. Sie wußte nicht, was sie tun
sollte. Ein kleiner Junge stieg auf das Pferd, aber als seine
Mutter wegging, fing er zu weinen an, rutschte wieder
herunter, und seine Mutter mußte noch einmal kommen.
Sie setzte ihn in das Raumschiff, und er hörte zu weinen
auf. Dann kletterten zwei Mädchen, größer als Finchen,
in die Lokomotive und klingelten. Das Karussell war
fast voll.
Finchen sah sich um, aber die Mütter standen immer
noch neben dem Obststand. Finchens Mutter sah nicht
mal her zu ihr. Immerhin, ihre Mutter hatte gesagt, daß
sie Karussell fahren dürfe. Sie ließ Finchen jedesmal
Karussell fahren. Finchen beschloß einzusteigen. Sie
wollte gerade hinaufklettern, da schubste ein großes
Mädchen sie weg und stieg auf das Pferd. Jetzt war nur
noch ein häßliches blaues Auto auf der anderen Seite des
Karussells übrig.
Finchen drängte sich am Pferd und am Raumschiff
vorbei, um hinüberzukommen. Mit dem häßlichen Auto

110

wollte sie eigentlich gar nicht fahren, aber sie wußte
nicht, was sie sonst tun sollte.

Als sie das blaue Auto fast erreicht hatte, sprang ein
Junge von der anderen Seite auf und ließ sich in das Auto
plumpsen. Der Karussellmann klingelte. Was sollte sie
tun, wenn das Karussell losging und sie keinen Sitzplatz
hatte? Sie würde hinfallen! Finchen griff nach einem der
gedrehten, bunten Pfosten am Rand der Plattform, in
ihrer Brust machte es bum, bum, bum. Dann fing die
Musik an.

»He!« rief eine Männerstimme. »He, du!« Es war der
Karussellmann mit seiner Schürze voll Geld. »Geh
runter!« rief er. »Alles besetzt!«

Aber Finchen klammerte sich an den Pfosten, weil sie
Angst hatte, sich zu bewegen.

»Nehmen Sie das Kind da weg!« rief der Mann.

Jemand hob Finchen herunter. Es war Gerrits Mutter.

»Was machst du denn hier ganz allein?« fragte sie.

»Meine Mama ist dort drüben«, sagte Finchen.

Dann ging Gerrits Mutter mit Gerrit davon.

Gerrit weinte immer noch, und das Karussell setzte sich in Bewegung.

Jedesmal, wenn Lena an Finchen vorbeifuhr, drückte sie auf die Hupe. Dann kamen ihre Mütter.

»Wo ist Lena?« fragte Lenas Mutter.

»Sie fährt Karussell«, sagte Finchen.

»Warum bist du nicht auch eingestiegen?« fragte Finchens Mutter. »Du hast gesagt, du wolltest Karussell fahren.«

»Will ich ja auch.«

»Erst quengelst du sonstwie«, sagte Finchens Mutter, »und dann überlegst du's dir anders.«

»Ich hab nicht gequengelt«, sagte Finchen. »Lena hat gequengelt, und ich hab's mir gar nicht anders überlegt.« Aber ihre Mutter unterhielt sich mit Lenas Mutter und hörte Finchen nicht zu. Als das Karussell stehenblieb, stieg Lena aus, und ihre Mutter fragte: »Warum ist Finchen nicht mit dir gefahren?«

»Sie war schon auf dem Karussell«, erklärte Lena. »Aber sie hatte Angst, daß sie vom Pferd fallen könnte. Ich hab

112

gesehen, daß sie geweint hat, und dann ist sie wieder abgesprungen.«

»Na, so was!« sagte Finchens Mutter. »Das wundert mich aber, daß du so ängstlich bist.«

»Ich bin nicht ängstlich!« rief Finchen. »Und ich will Karussell fahren!«

»Jetzt ist es zu spät«, sagte Finchens Mutter. »Du hättest vorher mitfahren sollen. Faß jetzt Lena an, damit du uns nicht noch verlorengehst.«

Finchen ging neben Lena her, aber sie faßte sie nicht an. Sie konnte Lena nicht ausstehen, weil sie gesagt hatte, Finchen hätte Angst gehabt, vom Pferd zu fallen.

Der Wind wehte inzwischen wieder heftig, und die Sonne verkroch sich hinter den Wolken. Ein dicker Regentropfen klatschte auf Finchens Wange.

»Wenn es zu regnen anfängt«, sagte Lenas Mutter, »gehen wir in die Markthalle und schauen uns die Mäntel später an. Eine Tasse Tee wird uns guttun.«

In die Markthalle ging Finchen nicht gern. Dort waren die Stände so hoch, daß sie nichts sehen konnte, und

113

außerdem gab es da nur ekliges Fleisch und Blutwurst und Fisch. Und am schlimmsten war es in dem Café. Da war es laut, und man wurde geschubst, alle redeten durcheinander, und die Luft war ganz verqualmt. Es soll nicht regnen, dachte Finchen. Im Gehen sah sie zum Himmel hinauf. Viele schmutzige, zerfetzte Wolken hingen da oben, der Wind trieb sie schnell über den blaßblauen Himmel. Auf einmal ratschte ein harter Einkaufskorb Finchen am Ohr.

»Paß auf, wo du hinläufst«, sagte Finchens Mutter und schob sie vorwärts. Erwachsene sagen immer, man soll aufpassen, wo man hinläuft, aber selber schauen sie nie mal nach unten, sondern rennen einen einfach um, dachte Finchen. Mit ihren Mantelknöpfen schrammen sie einem die Nase. Mit ihren Taschen fegen sie einen beiseite, und manchmal fahren sie einem sogar mit dem Kinderwagen über die Zehen.

Finchen war sauer.

»Deine Mama sagt, du sollst mich an der Hand fassen«, sagte Lena.

»Mach ich aber nicht«, sagte Finchen. »Und du hast mich überhaupt nicht weinen sehen.«

»Gerrit hat geweint«, sagte Lena. »Der ist doof.«

»Na und?«

»Fin-chen!« Ihre Mütter riefen nach ihnen. »Le-na! Wartet da mal einen Moment!«

Als sie sich umdrehten, standen ihre Mütter bei einer Frau mit blauem Kopftuch. Sie unterhielten sich schon wieder!

»Ich weiß was«, sagte Lena. »Komm, wir warten lieber dort drüben.«

»Warum?«

»Weil das die Bude ist, wo sie Anstecker mit Namen darauf verkaufen.«

»Wir sollen aber hier warten«, sagte Finchen. »Haben unsere Mütter gesagt.«

Finchen wollte nicht verlorengehen. Sie war einmal am Meer verlorengegangen, und das war fürchterlich gewesen. Sie blieb stehen, wo sie war, und Lena lief zu der Bude mit den Ansteckern. Als sie wiederkam,

115

trug sie eine weiße Brosche am Mantel, darauf stand in leuchtenden rosa Buchstaben ›Lena‹, und auf einer Seite war eine rosa und grüne Blume.

»Sie hat nur zwei Mark gekostet«, sagte Lena. »Ich hab mir auch noch eine Schmetterlingshaarspange gekauft.« Finchen betrachtete den Anstecker und tastete in der Manteltasche nach ihrem Markstück. Sie war nicht Karussell gefahren, und jetzt konnte sie auch keinen Anstecker kaufen!

Sie fühlte in ihrer anderen Tasche nach – für alle Fälle – aber es waren nur ein Bonbonpapier und Flusen darin. Finchen hielt das Markstück in der Manteltasche fest umschlossen und dachte an die Brosche. Sie überlegte, daß sie ihre Mutter vielleicht um das Karussellgeld bitten könnte, weil sie ja nicht Karussell gefahren war. Nur – wenn man fragte, quengelte man. Sie sah sich nach ihrer Mutter um und nach Lenas Mutter und nach der Frau mit dem blauen Kopftuch. Sie waren in ihr Gespräch vertieft. Was sollte Finchen tun? Manchmal, wenn man quengelt und die Mutter beim Reden stört, wird sie

116

wütend. Aber manchmal, wenn sie so richtig versunken ist in ihrer Unterhaltung, gibt sie einem, was man will, ohne es zu merken.

Finchen beschloß, es zu versuchen.

»Wohin gehst du?« fragte Lena.

»Meine Mama fragen, ob sie mir eine Mark gibt«, sagte Finchen.

»Dann frag ich meine auch«, sagte Lena und ging mit.

»Du verdirbst alles, wenn du anfängst zu quengeln«, sagte Finchen. Aber sie konnte Lena nicht zurückhalten.

Lena rannte zu ihrer Mutter und rief: »Wir wollen eine Ma-ark! Wir wollen eine Ma-ark!«

»Red nicht dazwischen«, sagte Lenas Mutter. »Kannst du nicht sehen, daß wir uns unterhalten?«

Finchen sagte nichts, aber ihre Mutter fing an: »Habe ich dir nicht erklärt, man redet nicht dazwischen, wenn sich Leute miteinander unterhalten?«

»Ich habe nicht dazwischengeredet«, sagte Finchen. »Ich habe keinen Ton gesagt.«

»Schon gut«, sagte Lenas Mutter. »Sie wollen sich was an

der Bude dort kaufen. Ich spendiere es ihnen.« Und dann
schenkte sie jeder, Finchen und Lena, zwei Mark.

»Was sagst du?« mahnte Finchens Mutter.

»Vielen Dank«, sagte Finchen.

Kichernd und einander schubsend, rannten Finchen und
Lena zu der Broschenbude.

Die Namenanstecker hingen an einem großen weißen
Karton, es gab Hunderte davon, alle schön in Reihen
angeordnet. Die Anstecker für Mädchen sahen aus wie
der von Lena – weiß mit rosa Schrift und einer Blume.
Die Anstecker für Jungen waren dunkelblau mit weißer
Schrift und einem kleinen Auto statt einer Blume.

Die Frau an dem Stand hatte einen dicken Pelzmantel
an, eine Wollmütze, unter der sich graue Löckchen
hervorringelten, und Handschuhe ohne Finger. Sie war
mit purpurrotem Lippenstift geschminkt, und an den
Fingernägeln hatte sie Reste von rotem Nagellack.

Finchen sah sie an und sagte: »Kann ich einen Anstecker
haben mit ›Josefine‹ drauf?« Doch ihr fiel etwas ein, und
sie ergänzte: »Bitte.«

»Sie hängen alle in alphabetischer Reihenfolge da«, sagte
die Frau. »Kennst du deinen Anfangsbuchstaben im
Alphabet?«

»Ja«, sagte Finchen.

»Dann such dir deinen Anstecker«, sagte die Frau. Sie
wandte sich von Finchen ab und unterhielt sich mit einer
alten Frau, die hinter der Bude saß.

Finchen suchte nach ihrem Namen. Sie sah Helga und
Hildegard und Irene und Iris und Jana und Jessica und
Johanna. Dann sah sie Karolin und Laura und Luisa und
Marie und Marita und Nina und Natalie. Sie mußte
Josefine übersehen haben. Noch einmal fing sie bei Helga
und Hildegard an, las weiter bis Natalie, aber ihren
Namen entdeckte sie nicht. Vielleicht hatte jemand den
Josefine-Anstecker abgenommen und wollte ihn kaufen,
hatte es sich dann anders überlegt und ihn an eine falsche
Stelle gesteckt? Also suchte sie nun überall. Sie sah
Alicia und Barbara und Catharina und Denise. Sie las bis
zum Ende und sah Ulrike und Vera und Yvonne. Aber
Josefine fand sie nicht.

»Dein Name ist nicht dabei«, sagte Lena. »Ich kauf mir ein Armband, du auch?«

Wie konnte ihr Name nicht dabeisein?

»Entschuldigung«, sagte Finchen zu der Frau im Pelzmantel, und sie preßte so fest die Hand um ihr Zweimarkstück, daß ihr die Finger schmerzten. »Entschuldigung.«

»Hast du gefunden, was du suchst?« fragte die Frau, und, ohne Finchen anzusehen, streckte sie die Hand nach dem Geld aus.

»Nein«, sagte Finchen. »Ich heiße Josefine, und ich kann den richtigen Anstecker nicht finden.«

»Wenn er nicht auf dem Karton ist, hab ich ihn nicht.« Jetzt warf sie Finchen einen Blick zu. Finchen starrte sie durchdringend an: Die Frau sollte sagen, sie würde den Anstecker gleich finden. Vielleicht war er hinter der Bude? Vielleicht gab es noch ein Pappschild voll, und auf dem war ihr Anstecker dabei?

»Alle Namen werden nicht gemacht, Kindchen«, sagte sie in freundlicherem Ton. »Es ist reine Glückssache,

120

wenn man seinen findet. Such dir ein hübsches Armband aus wie deine Freundin.«

Lena kaufte ein orangefarbenes Armband mit Glitzerzeug daran. Finchen war zu durcheinander, um sich ein Armband auszusuchen. Warum wurden nicht alle Namen gemacht? Es waren Hunderte Namen da. Auch Lenas Name. Zur Sicherheit sah Finchen die Anstecker noch einmal durch, aber es war wie vorhin. Jana, Jessica, Johanna, Karolin.

Ein Mädchen, größer als Finchen, kam mit ihrer Mutter zum Stand, und ihre Mutter sagte: »Sieh mal, Karolin, hier ist ein Anstecker mit deinem Namen.«

»Den will ich nicht«, sagte das Mädchen mit Namen Karolin. »Ich will ein rotes Armband.«

»Fin-chen!« Ihre Mütter riefen nach ihnen. »Le-na!« Jetzt gingen sie zu dem Stand mit den Mänteln. Lena hatte ihre Mutter angefaßt, zeigte ihr das Armband und quengelte immer weiter.

Finchen ließ sich von ihrer Mutter führen, die Füße taten ihr weh, ständig wurde sie angerempelt – sie hatte nun

121

endgültig genug vom Markt. Sie wollte nach Hause. Sie
sehnte sich nach Percy, und sie sehnte sich nach ihren
Gummistiefeln, denn der Wind blies ihr kalt um die
Beine.

»Komm«, sagte Finchens Mutter und zog sie weiter. »Ich
dachte, du wolltest zu der Bude, wo Christine ist?«

»Will ich ja auch«, sagte Finchen. Aber eigentlich hatte
sie nicht mehr viel Lust.

Als sie hinkamen, sah sie Christine nicht. Lena fing an,
Mäntel zu probieren. Sie probierte einen wattierten rosa
Mantel und einen himmelblauen und einen weißen.
Dann fing sie zu weinen an und stritt mit ihrer Mutter.
Finchens Mutter und Christines Mutter unterhielten
sich. Finchen sah zu den Mänteln und Jacken hoch, die
über ihrem Kopf hingen. Dann machte sie die Augen zu
und sog tief den Duft neuer Kleidung ein. Als sie die
Augen wieder aufmachte, las sie, was mit rotem Filzstift
auf weißen Pappschildern geschrieben stand.

»Komm mal einen Moment her«, sagte Finchens Mutter.
In der ausgestreckten Hand hielt sie eine dunkelgrüne

122

Steppjacke mit einem großen Schild am Rücken:
Sonderangebot.

»Dunkelgrün gefällt mir nicht«, sagte Finchen. »Die
finde ich schön, die Lena anprobiert.«

Aber niemand hörte es, weil Lena immer noch weinte
und jammerte und Finchens Mutter weiter mit Christines
Mutter redete, während sie Finchens Arme durch die
Ärmel der dunkelgrünen Jacke schob. Es war eine
scheußliche Jacke, und obwohl sie sie über ihre eigene
gezogen hatte, war sie um Nummern zu groß.

»Die ist ein paar Nummern zu groß«, sagt Finchen.

»Da wächst du schon rein«, sagte Finchens Mutter.

»Und die Ärmel nähe ich dir um.« Sie krempelte sie
erst mal auf.

»Kann ich nicht einen rosa Mantel haben wie Lena?«
fragte Finchen.

Sie sagte nicht, daß die grüne Jacke scheußlich war, weil
Christines Mutter dabeistand und die Sachen ihr
gehörten.

»Rosa! Daß ich nicht lache!« sagte Finchens Mutter.

123

»Du würdest schön aussehen in einem rosa Mantel,
wenn du bei Herrn Schuhmacher nach Würmern
gräbst. In fünf Minuten hättest du den ruiniert. Dreh
dich um.«
Finchen drehte sich um, ihre Mutter zog und zupfte von
hinten an dem scheußlichen Ding herum und sagte:
»Steh mal gerade. Schultern zurück.« Dann fing sie
wieder ein Gespräch mit Christines Mutter an.
Finchen stand mit dem Rücken zu den anderen, das
Gesicht zu der Reihe Mäntel gedreht. Ein dicker Kloß
stieg ihr in die Kehle, und am liebsten hätte sie geweint.
So sehr haßte sie die große, dicke, scheußliche Jacke und
ihre trübe schmutziggrüne Farbe, daß sie am liebsten
darauf herumtrampeln würde. Aber sie tat nichts
dergleichen. Sie blieb brav stehen. Plötzlich wackelten
die Mäntel auf dem Gestell vor Finchens Nase, und
zwischen den Mänteln erschien Christines Gesicht.
»Prima, daß du gekommen bist«, sagte Christine. »Willst
du ein Bonbon?«
Finchen nickte, und Christines Gesicht verschwand

124

wieder. Finchen drängte sich durch die Mäntel und kam
in dem schmalen Gang zwischen Christines Stand und
dem nächsten heraus, wo ebenfalls Mäntel verkauft
wurden. Hier stand Christine mit einer Tüte Bonbons.
»Sie sind rot«, sagte sie, »und wenn du deine Lippen
daran reibst, werden die auch rot – wie mit Lippenstift.«
Christine hatte ihr Armband um, aber Zöpfe hatte sie
heute nicht, sondern einen lockigen Pferdeschwanz.
Finchen hätte gern einen Pferdeschwanz gehabt, aber ihr
Haar war nicht lang genug. Es war auch nicht lockig.

»Willst du Verstecken spielen?« fragte Christine.

Finchen nickte, und Christine sagte: »Mach die Augen zu und zähl bis zehn.« Und schon drehte sie Finchen im Kreis auf der Stelle, bis sie beide kichern mußten. Dann rannte sie davon.

Finchen drehte sich allein weiter, sie kicherte und zählte immer noch, und bei »zehn« machte sie die Augen auf. Sie schob sich zwischen Mänteln durch, lief zum hinteren Teil der Verkaufsbude, wo jemand gerade eine Jacke anprobierte, und auf der anderen Seite wieder hinaus. Christine war nicht da.

Finchen quetschte sich wieder zurück durch die Mäntel und wollte gerade durch die Bude sausen, da hielt jemand sie fest, und eine Männerstimme donnerte: »Halt! Du glaubst wohl, du bist hier auf dem Spielplatz, was?«

Es war gar nicht Christines Bude! Es war ein anderer Stand, der genauso aussah. Finchens Mutter war nicht da, und Christines Mutter war nicht da, und Lena und Lenas Mutter waren auch nicht da.

»Ich rede mit dir!« brüllte der Mann Finchen an. »Was
gibt es hier zu spielen, he?«

»Verstecken«, flüsterte Finchen.

»Spiel gefälligst woanders!« schimpfte der Mann.
»Verschwinde! Hopp, hopp!«

Finchen drehte dem Mann den Rücken zu und wollte
sich gerade durch die Mäntel wieder hinausdrängen, da
kam er hinter ihr her und rief: »He! Komm mal zurück!
Woher hast du diese Jacke? Das ist doch nicht deine!
Komm sofort wieder her, du kleiner Fratz, oder ich schick
dir die Polizei auf den Hals!«

Aber er erwischte Finchen nicht. Sie rannte schnell wie
der Blitz hierhin und dorthin, hinein in Buden und
heraus aus Buden. Als sie endlich stehenblieb, stach es in
ihrer Brust, und sie kriegte kaum Luft.

»Aher! Aher! Aher!« keuchte sie. Sie war zu
erschrocken zum Weinen, deshalb blieb sie einfach
stehen und machte: »Aher! Aher! Aher!«

Als ihr Atem wieder regelmäßiger ging, sah sie sich um,
wo sie war, aber sie erkannte nichts wieder. Wegen diesem

127

Mann hatte sie sich jetzt verlaufen! Warum hatte er gesagt, es sei nicht ihre Jacke? Sie sah an dem scheußlichen grünen Ding herunter. Vielleicht hatte er es gemerkt, weil die Jacke zu groß war? Vielleicht weil man Finchens eigenen Anorak darunter sehen konnte? Finchen machte sich wieder auf den Weg und suchte nach Christines Stand oder nach der Bude mit den Ansteckern oder nach dem Karussell oder wenigstens nach dem Mann mit den gebackenen Kartoffeln. Sie mußte jemanden finden, den sie kannte und der ihr helfen würde, ihre Mutter wiederzufinden. Damals, als sie am Strand verloren und schließlich wiedergefunden worden war, hatte ihre Mutter gesagt: Solltest du dich wieder mal verlaufen, verlier nicht den Kopf, und fang nicht an zu weinen. Und wenn dich jemand fragt, wo du wohnst, dann sag ihm laut und deutlich deine Adresse. Nicht nur »gegenüber von Frau Bock«.

Finchen ging weiter. Sie schluckte schwer, damit der Kloß in ihrer Kehle sie nicht noch zum Weinen brachte, und dabei murmelte sie immer wieder ihre Adresse vor sich hin. Aber was nützte es, die Adresse aufzusagen, wenn ihre Mutter in Christines Verkaufsbude war? Sie entdeckte einen Karren, der aussah wie der Karren von dem Mann mit den gebackenen Kartoffeln, aber als sie näher kam, merkte sie, daß ein anderer Mann hier geröstete Kastanien verkaufte.

»Wieviel?« fragte er Finchen und hielt eine spitze Papiertüte auf.

129

»Ich will nichts«, sagte Finchen und drehte sich um.

Der Mann lachte und rief hinter ihr her: »Hab gar nicht gewußt, daß heute kleine Mädchen verkauft worden sind!«

Finchen hatte keine Ahnung, was er meinte, deshalb ging sie weiter, schluckte an dem Kloß in ihrer Kehle und übte ihre Adresse.

Sie hörte Musik und rannte darauf zu. Das Karussell! Sie hatte das Karussell gefunden! Aber als sie dort war, sah sie den Karussellmann, und ihr fiel ein, wie er mit ihr geschimpft hatte. Sie blieb stehen und überlegte, was sie tun sollte.

Der Karussellmann sah sie. »Steig auf!« sagte er. »Es geht gleich los.«

»Ich will nicht mitfahren«, sagte Finchen, drehte sich um und ging davon.

Der Karussellmann lachte und rief ihr nach: »Die verkaufen kleine Mädchen ja billig heute!«

Finchen hatte keine Ahnung, was er meinte, deshalb ging sie weiter, schluckte an dem Kloß in ihrer Kehle und

130

übte ihre Adresse. Ihre Beine zitterten, und ein bißchen
schlecht war ihr auch, aber sie verlor nicht den Kopf. Sie
dachte gründlich nach und erinnerte sich, daß ganz in der
Nähe des Karussells die Bude mit den Ansteckern war.
Wenn sie die fände, könnte ihr die Broschenfrau
vielleicht sagen, wo Christines Stand war.
Sie fand die Bude mit den Ansteckern, und die Frau
mit den purpurrot geschminkten Lippen erinnerte
sich an sie.
»Na, wieder da? Weißt du endlich, was du kaufen willst?«
»Ich will gar nichts«, sagte Finchen. »Ich will nur den
Stand von Christine Pfender finden, dort ist nämlich
meine Mama, und ich hab mich verlaufen.«
Sie wartete darauf, daß die Frau sie nach ihrer Adresse
fragte, aber sie fragte nicht. Sie sagte: »Christine Pfender?
Christine Pfender? Du meinst nicht etwa Margot
Pfender?«
»Ich meine ein Mädchen, und das heißt Christine
Pfender, und sie hat ein Armband und Zöpfe, nur heute
hat sie keine Zöpfe, sondern einen Pferdeschwanz.«

»Das wird die Kleine von Margot Pfender sein. Wart
einen Moment, ich zeig dir's gleich.«

Die Broschenfrau kam hinter ihrer Bude vor. Sie beugte
sich herunter, drehte Finchen um und zeigte den Gang
hinunter. »Geh jetzt geradeaus weiter bis zu dem Mann,
der dort in der Mitte steht und Sachen aus seinem Koffer
verkauft. Kannst du ihn sehen?«

»Ja«, sagte Finchen. »Verkauft er Äffchen, die an einem
Stab hoch- und runterklettern?«

»Nein«, sagte die Frau, »er verkauft Geldbörsen. Lauf
nicht an ihm vorbei. Bieg rechts ab, und geh weiter
geradeaus. Der Stand von Margot Pfender ist der
zweitletzte auf der linken Seite. Kannst du dir das
merken?«

Finchen nickte und wollte loslaufen, bevor sie alles
vergessen hatte, aber die Broschenfrau rief sie zurück.

»Hast du keine Manieren?« sagte sie. »Was sagst du?«

»Danke«, sagte Finchen.

»Schon besser. Und woher hast du diese Jacke? Es ist
nicht deine.«

132

»Ich weiß«, sagte Finchen. »Die gehört der Mutter von
Christine. Ich war gerade beim Anprobieren, als ich mich
verlaufen habe.«

»Du siehst vielleicht komisch aus mit diesem Schild am
Rücken. Na, dann lauf!«

Finchen ging zum zweitenmal los, aber jetzt spürte sie das
knisternde Pappschild am Rücken der scheußlichen
Jacke, und ihr fiel ein, daß *Sonderangebot* darauf stand.
Dann fiel ihr ein, wie die Leute über sie gelacht hatten,
als sie ihnen den Rücken zugedreht hatte. Und der Mann
von der Mantelbude fiel ihr auch ein, der ihr die Polizei
auf den Hals schicken wollte. Der dachte, sie hätte die
scheußliche Jacke gestohlen! Finchen ging weiter, ihr
Gesicht glühte, und sie weinte beinahe.

Als sie zu dem Mann kam, der Geldbörsen verkaufte,
blieb sie stehen. Mußte sie links abbiegen und bis zum
vorletzten Stand auf der rechten Seite gehen? Oder
mußte sie rechts abbiegen und bis zum vorletzten Stand
auf der linken Seite gehen? Sie wußte es nicht mehr. Sie
sah nach links und gab sich Mühe, nicht den Kopf zu

133

verlieren. Dann sah sie nach rechts und gab sich Mühe, nicht den Kopf zu verlieren. Da sah sie Christine auf sich zurennen. Christine rief etwas und zeigte auf Finchen. Dann schaute sie über die Schulter zurück, winkte jemanden heran und zeigte noch einmal auf Finchen. Ein Polizist kam hinter Christine her!

Finchen verlor den Kopf.

Sie wirbelte herum und rannte davon, so schnell ihre Beine sie trugen. Sie heulte vor Angst. Sie schaute nicht, wohin sie lief, sie rempelte gegen Taschen und gegen Buden, gegen andere Kinder, gegen einen Kinderwagen und einen Hund. Sie fiel hin und schlug sich das Knie auf, rappelte sich hoch und rannte weiter, heulte und rief nach ihrer Mutter.

Dann krachte sie mit einem Mann zusammen, und der hielt sie fest.

»Na, na, na«, sagte der Mann. »Ist ja schon gut. Jetzt ist alles in Ordnung.« Und mit einem großen, gefalteten Taschentuch machte er sich daran, Finchens Gesicht abzutrocknen. »Du bist wahrscheinlich Finchen

134

Schmidt«, sagte er. »Deine Mutter sucht dich, weißt du das? Es ist noch keine fünf Minuten her, daß wir sie getroffen haben.«

Finchen hörte auf zu weinen und sah zu dem Mann hoch,
aber sie wußte nicht, wer es war.

»Du kennst mich nicht«, sagte er, »aber meinen Jungen
kennst du, den Stefan, nicht wahr?«

Neben dem Mann stand Stefan Schneider, Finchens
neuer rothaariger Freund aus der Schule.

»Dein Knie blutet«, sagte Stefan. In der Hand hielt er
einen Stock mit einem Netz daran. Stefans Vater bückte
sich und tupfte mit dem Taschentuch Finchens Knie ab.
Es war aufgeschürft.

»Da wird deine Mutter Salbe draufmachen müssen«,
sagte er und band das Taschentuch um Finchens Knie.
Finchen wartete darauf, daß er sie nach ihrer Adresse
fragte, aber er fragte nicht.

»Komm«, sagte er. »Wir wollen mal lieber nach deiner
Mutter suchen. Ich bring dich zum Verwaltungsbüro,
dann machen sie eine Durchsage.« Er griff nach Finchens
Hand, aber Finchen zog ihre Hand zurück.

»Da will ich nicht hin«, sagte sie.

Eine Menge Leute standen um sie herum und gafften sie

136

an, und alle schienen zu wissen, wer Finchen Schmidt
war. Jemand sagte: »Das ist die Kleine, nach der sie
suchen.« Dann sagte jemand anders: »Seht mal, da an
ihrem Rücken ist das Pappschild.«
Eine Frau beugte sich zu Finchen herunter und sagte:
»Du mußt zum Verwaltungsbüro gehen, Kindchen, dort
rufen sie über Lautsprecher deinen Namen aus. Dann
hört es deine Mama, sie kommt hin und holt dich ab.«
»Ich will nicht hingehen«, sagte Finchen. Sie sollten
ihren Namen nicht ausrufen, sonst würde nämlich der
Polizist kommen und sie abholen.
»Du hast doch keine Angst, in ein Büro zu gehen?« fragte
Stefans Vater.
»Doch«, sagte Finchen. »Ich will nicht hin.« Aber die
Sache mit dem Mantel und dem Polizisten wollte sie ihm
nicht erklären.
»Paß auf, wie wir das machen«, sagte er. »Du bleibst mit
Stefan hier, und ich geh zum Büro und laß deinen
Namen ausrufen. Wenn deine Mutter hinkommt, bring
ich sie zu dir. Gefällt dir das besser?«

137

»Ja«, sagte Finchen. Der Polizist durfte sie nicht mitnehmen, das würde ihre Mutter nicht zulassen.

»Gut«, sagte Stefans Vater. »Wo auf dem Markt gefällt es dir am besten?«

»Beim Karussell«, sagte Finchen.

Als die Suchmeldung durchgegeben wurde, saßen Finchen und Stefan in der roten Lokomotive auf dem Karussell. So laut es ging, ließen sie die Glocke bimmeln, und dann kamen Finchens Mutter und Stefans Vater. Der Polizist kam nicht. Immer, wenn Finchen in der Lokomotive vorbeifuhr, sah sie prüfend ihre Mutter an und überlegte, ob sie wohl schimpfen würde. Ihre Mutter war rot im Gesicht, aber sie unterhielt sich mit Stefans Vater, und er brachte sie zum Lachen. Finchen würde nicht ausgeschimpft werden.

Stefan sagte: »Die ist toll, die Jacke. Sieht genau aus wie meine.« Er hatte recht. »Tarngrün ist das.«

»Was ist Tarngrün?« fragte Finchen.

»Die Sachen von Soldaten sind tarngrün«, sagte Stefan. »Man kann Dreck und Gras und alles dranschmieren,

138

und man sieht es gar nicht. Du kannst sie anziehen,
wenn wir angeln gehen. Da zieh ich meine immer an,
und mein Vater hat auch so eine. Er hat mir den Kescher
hier gekauft, und er sagt, er nimmt uns morgen mit
zum Roten Weiher. Hast du deine Mutter nach einem
Marmeladenglas gefragt?«
»Ja«, sagte Finchen, »aber ein Fangnetz hab ich
nicht.«
»Wir kaufen nachher eins für dich«, sagte Stefan. »Die

gibt's an dem Stand dort drüben, und sie kosten nur drei
Mark. Hast du drei Mark?«
Gerade wollte Finchen nein sagen, da fiel ihr ein, daß sie
ja doch drei Mark hatte.
»Wir nehmen Äpfel mit«, sagte Stefan, »und Bonbons
und eine Flasche Limo.«
»Können wir auch Löwenzahn pflücken und Kletten?«
fragte Finchen.
»Wenn du willst«, sagte Stefan.
Und damit Stefan nicht etwa dachte, sie sei ein
Angsthase, sagte Finchen: »Ich hab vorhin nicht
geweint, weil ich mich verlaufen hatte. Ein Polizist war
hinter mir her, der hat gedacht, ich hätte die Jacke
gestohlen.«
»Er war nicht hinter dir her«, sagte Stefan. »Deine
Mutter hat ihn gebeten, daß er dich sucht. Aber du bist
eine gute Sprinterin. Sieh mal, da ist dieses doofe
Mädchen, das immer mit dir spielt.«
Da stand Lena in ihrem neuen rosa Mantel, mit ihrem
Armband und ihrer Schmetterlingshaarspange. Und da

140

war auch Lenas Mutter, sie stand bei Finchens Mutter und Stefans Vater.

Finchen und Stefan in ihrer Lokomotive fuhren an allen vorbei, und Finchen mit ihrer tarngrünen Jacke – *Sonderangebot* – und drei Mark in der Tasche für einen Kescher winkte und ließ die Glocke bimmeln.

Magdalen Nabb

FINCHEN IM KRANKENHAUS

Als Finchen aufwacht, hat sie ein ganz kribbeliges Gefühl im Bauch. Dabei hat sie doch gar nicht Geburtstag. Da fällt es ihr ein: Sie kommt ins Krankenhaus und kriegt die Mandeln raus! Finchen ist froh, daß Lena auch die Mandeln rauskriegt und sie zusammen in einem Zimmer liegen. Lena ist, wie immer, eine Heulsuse, während Finchen ganz tapfer ist. Am tollsten findet sie, daß sie am Tag nach der Operation im Krankenhaus helfen darf. Finchen will nämlich auf jeden Fall Krankenschwester werden, wenn sie groß ist.

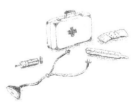

DRESSLER

Cornelia Funke

KRIBBEL KRABBEL KÄFERWETTER

»Blau wie Italien« ist der Himmel eines Morgens. Da hält Anna nichts mehr. Sie muß raus in den Garten und mit ihren Kuscheltieren ein Picknick in der Sandkiste machen. Lange bleibt sie aber nicht allein. Und wenn David, Marie und Anna gemeinsam Frühlingsluft schnappen, dann ist was los auf Annas Hof.

DRESSLER

Dagmar Chidolue

MILLIE IN LONDON

London - das klingt wie Bonbon, denkt Millie! Eine
Stadt, in der es Katzen und Hunde regnet, meint
Mama. Und der freche Gus sagt, da gibt es eine
Königin, die **Kwihin** heißt und einen König mit
dem Namen **King**. So ein Quatsch - ein König kann
doch nicht genauso heißen wie der Hund
von Frau Morgenroth, oder?
Seltsame Sachen sieht Millie in London: den
Trafallala-Platz und den Pickel-Lilli-Zirkus, um den
die großen roten Busse mit den Hundeschnauzen
verkehrtherum ringelrein fahren. Richtig gruselig
ist es bei Madame Tussi. Die ist nämlich schon lange
tot. Genau wie Jeck die Rippe, den man dort
auch besuchen kann und der noch ziemlich
lebendig aussieht.

DRESSLER